Iva Bezinović-Haydon • Jelena Eggerstorfer

Alltagstauglich

Kroatisch

Die wichtigsten Sätze zum Mitreden

Hueber Verlag

Ein kostenloser MP3-Download zum Buch ist unter
www.hueber.de/audioservice erhältlich.

Der Verlag weist ausdrücklich darauf hin, dass im Text enthaltene externe
Links vom Verlag nur bis zum Zeitpunkt der Buchveröffentlichung
eingesehen werden konnten. Auf spätere Veränderungen hat der Verlag
keinerlei Einfluss. Eine Haftung des Verlags ist daher ausgeschlossen.

Das Werk und seine Teile sind urheberrechtlich geschützt. Jede
Verwertung in anderen als den gesetzlich zugelassenen Fällen bedarf
deshalb der vorherigen schriftlichen Einwilligung des Verlags.

Eingetragene Warenzeichen oder Marken sind Eigentum des
jeweiligen Zeichen- bzw. Markeninhabers, auch dann, wenn diese
nicht gekennzeichnet sind. Es ist jedoch zu beachten, dass weder
das Vorhandensein noch das Fehlen derartiger Kennzeichnungen
die Rechtslage hinsichtlich dieser gewerblichen Schutzrechte berührt.

4	3.	2.		Die letzten Ziffern
2026	25	24	23 22	bezeichnen Zahl und Jahr des Druckes.

Alle Drucke dieser Auflage können, da unverändert,
nebeneinander benutzt werden.
1. Auflage
© 2015 Hueber Verlag GmbH & Co. KG, München, Deutschland
Umschlaggestaltung: creative partners gmbh, München
Coverfoto: © Thinkstock / Comstock Images
Co-Autor: John Stevens, Bad Münstereifel
Illustrationen: © Adrian Sonnberger, www.die-illustration.de
Layout und Satz: Sieveking • Agentur für Kommunikation, München
Redaktion: Hanni Geiger, München
Druck und Bindung: Friedrich Pustet GmbH & Co. KG, Regensburg
Printed in Germany
ISBN 978-3-19-807932-4

EINFÜHRUNG

Gekonnt und sicher mitreden in vielen Alltagssituationen: Das bietet Ihnen Alltagstauglich Kroatisch. Hier finden Sie zu vielen gängigen Gesprächsthemen idiomatisch richtige Wendungen, Fragen und Antworten, um eine Unterhaltung auf Kroatisch leicht beginnen und flüssig fortführen zu können. Das Buch eignet sich zum Selbststudium, zur Auffrischung oder Verbesserung der Kroatischkenntnisse sowie als Begleiter auf Reisen.

Einen Überblick über die behandelten Themen bieten die folgenden zwei Seiten. Jedes Hauptkapitel (A, B, C ...) enthält vier zum Thema passende Unterkapitel (1, 2, 3, 4 ...). Die Unterkapitel sind tabellarisch (Kroatisch – Deutsch) aufgebaut und nehmen je eine Doppelseite ein. In der Randspalte finden Sie Hinweise zum Sprachgebrauch. Am Ende eines jeden Unterkapitels erfahren Sie unter der Rubrik „Gut zu wissen!" allerhand Interessantes zu Sprache, Landeskunde und kulturellen Unterschieden.

Die wichtigsten Dos & Don'ts für ein gelungenes Gespräch (Umschlaginnenseite vorne), Hinweise zur Körpersprache (ab S. 110), eine kurze Grammatik-Übersicht zu den wichtigsten Verbformen (S. 112) sowie eine Aussprachehilfe (Umschlaginnenseite hinten) runden das Werk ab.

Ein kostenloser MP3-Download zu allen Wendungen und Sätzen ist unter www.hueber.de/audioservice erhältlich. So können Sie die richtige Aussprache trainieren und ganz einfach unterwegs lernen und üben.

Ein paar weitere Hinweise zum Lernen mit diesem Buch:
- Das in den Beispielsätzen jeweils angegebene Personalpronomen bzw. die entsprechende Verbform (z. B. „Super izgledaš." = Du siehst toll aus.) ist selbstverständlich je nach Situation austauschbar (z. B. mit „Super izgledate." = Sie sehen toll aus.). Eine kurze Grammatikhilfe hierzu finden Sie auf S. 112.
- Die deutschen Texte stellen meist idiomatische Entsprechungen dar und keine wortwörtlichen Übersetzungen.
- Verwendete Symbole: m̄ bezeichnet die Form für den männlichen Sprecher, f̄ die Form für die weibliche Sprecherin (sofern die Unterscheidung benötigt wird). Wird ein Mann angesprochen, so ist dies mit ♂ gekennzeichnet, wird eine Frau angesprochen, so wird ♀ verwendet.
- In *kursiver Schrift* werden alternative Begriffe bzw. Ausdrücke dargestellt.

Viel Erfolg wünschen die Autorinnen und der Verlag!

A   BEGRÜSSEN, VORSTELLEN UND VERABSCHIEDEN   ab S. 6

1. Die erste Begegnung — S. 6
2. Sich wieder treffen — S. 8
3. Sich untereinander bekannt machen — S. 10
4. Sich verabschieden — S. 12

B   GUTER UMGANG: BITTE, DANKE & CO.   ab S. 14

5. Bitte und danke — S. 14
6. Sich entschuldigen — S. 16
7. Können Sie das wiederholen? — S. 18
8. Gespräche in Gang halten — S. 20

C   MITEINANDER INS GESPRÄCH KOMMEN   ab S. 22

9. Über die Herkunft sprechen — S. 22
10. Über das Wetter sprechen — S. 24
11. Nettigkeiten und Komplimente — S. 26
12. Flirten — S. 28

D   SICH NÄHER KENNENLERNEN   ab S. 30

13. Über den Beruf sprechen — S. 30
14. Familie und Werdegang — S. 32
15. Alltag und Routine — S. 34
16. Personen beschreiben — S. 36

E   EINLADUNGEN UND VERABREDUNGEN   ab S. 38

17. Einladungen — S. 38
18. Wann und wo? — S. 40
19. Zu Gast sein — S. 42
20. Der passende Abschied — S. 44

F   GUTE UND SCHLECHTE NACHRICHTEN   ab S. 46

21. Gute Nachrichten und Glückwünsche — S. 46
22. Schlechte Nachrichten und Anteilnahme — S. 48
23. Lustige Anekdoten und Witze — S. 50
24. Schlechte Erfahrungen — S. 52

G   GEFÜHLE UND EMOTIONEN   ab S. 54

25. Interesse und Desinteresse bekunden — S. 54
26. Hoffnung, Freude und Glück — S. 56

27	Enttäuschung und Traurigkeit	S. 58
28	Überraschung und Unglaube	S. 60

H   DIE MEINUNG ÄUSSERN   ab S. 62

29	Ansichten anderer und die eigene Meinung	S. 62
30	Zustimmung ausdrücken	S. 64
31	Widersprechen	S. 66
32	Beschwerde und Reklamation	S. 68

I   UNTERWEGS IN DER STADT   ab S. 70

33	Vorschläge und Empfehlungen	S. 70
34	Im Restaurant	S. 72
35	Shopping	S. 74
36	In der Unterkunft	S. 76

J   FREIZEIT   ab S. 78

37	Das interessiert mich	S. 78
38	Sport ist mein Ding	S. 80
39	Kunst und Kultur	S. 82
40	Popkultur	S. 84

K   URLAUB UND REISE   ab S. 86

41	Urlaubspläne und Reiseberichte	S. 86
42	Unterwegs	S. 88
43	Ausflüge und Besichtigungen	S. 90
44	Wellness und Erholung	S. 92

L   AM TELEFON   ab S. 94

45	Private Telefonate	S. 94
46	Geschäftliche Telefonate	S. 96
47	Eine Nachricht hinterlassen	S. 98
48	Reservieren und bestellen	S. 100

M   MEDIEN UND KOMMUNIKATION   ab S. 102

49	SMS und Messaging	S. 102
50	Chatten und soziale Netzwerke	S. 104
51	Mailen und digitale Daten tauschen	S. 106
52	Briefe und Postkarten	S. 108

A

Begrüßen, Vorstellen und Verabschieden

1 Prvi susret
Die erste Begegnung

Wenn man jemanden direkt ansprechen möchte, wird der Vokativ verwendet:
♂ *gospodin* /
♀ *gospođa* = Nominativ
♂ *gospodine* /
♀ *gospođo* = Vokativ.

Gospodine / Gospođo Marić?	*Herr / Frau* Marić?
Oprostite, jeste li Vi gospodin Bilić?	Entschuldigung, sind Sie Herr Bilić?
Vi ste sigurno *gospodin / gospođa* Kovač.	Sie müssen *Herr / Frau* Kovač sein.
Dobar dan.	Guten Tag.
Dobra večer.	Guten Abend.
Drago mi je da smo se upoznali.	Freut mich, Sie kennenzulernen.
Lijepo je (napokon) osobno Vas upoznati.	Es ist schön, Sie (endlich) persönlich zu treffen.

Man verwendet *dobro došli* als Anrede für Gruppen oder als höfliche Form der Anrede an einen Mann oder an eine Frau.
Wenn man den Mann oder die Frau duzt, dann verwendet man
♂ *Dobro došao*. bzw.
♀ *Dobro došla*.

♂ Dobro došao / ♀ Dobro došla u Hrvatsku.	Willkommen in Kroatien. *(Du-Form)*
Dobro došli u Hrvatsku.	Willkommen in Kroatien. *(Sie-Form)*
Smijem li Vas zvati Jelena?	Darf ich Jelena zu Ihnen sagen?
Molim Vas, zovite me Jelena.	Bitte nennen Sie mich Jelena.
Da, naravno. Ja sam Ivan.	Ja, natürlich. Ich bin Ivan.
Hvala što ste došli po mene.	Danke, dass Sie mich abholen kommen.

Obwohl die korrekte Übersetzung von „gern geschehen" *vrlo rado* ist, wird dafür viel häufiger *naravno* verwendet.

Nema problema. / Vrlo rado. / Naravno!	*Kein Problem. / Gern geschehen. / Natürlich!*
Je li let bio ugodan?	War der Flug angenehm?
Kako je prošao put?	Wie war die Reise?
Vlak / Bus je malo kasnio.	Der *Zug / Bus* hatte etwas Verspätung.

Bilo je problema s …	Es gab ein Problem mit …
Sve je dobro prošlo.	Alles ist gut gelaufen.
Mogu li Vam pomoći s prtljagom?	Kann ich Ihnen mit dem Gepäck helfen?
Dopustite da Vam pomognem s kovčegom.	Lassen Sie mich Ihnen mit dem Koffer helfen.
Dopustite da ponesem torbu.	Lassen Sie mich die Tasche tragen.
To bi bilo super.	Das wäre toll.
Jako ste ljubazni.	Sie sind sehr freundlich.
Ne, hvala. Mogu (m) sam / (f) sama.	Danke (nein). Ich schaffe das schon.
Hoćemo li krenuti?	Wollen wir gehen?
Ovuda molim, nije daleko.	Hier (ent)lang bitte, es ist nicht weit.
Uzet ćemo taksi.	Wir nehmen ein Taxi.
Moramo ići *vlakom* / *busom*.	Wir müssen *die Bahn* / *den Bus* nehmen.
Trebamo otprilike … minuta.	Wir brauchen etwa … Minuten.
Treba nam *pola sata* / *sat*.	Wir brauchen *eine halbe Stunde* / *eine Stunde*.
Moj auto stoji točno ispred *vrata* / *ulaza*.	Mein Auto steht direkt *vor der Tür* / *vorm Eingang*.
Auto je *na parkiralištu* / *u javnoj garaži*.	Das Auto steht *auf dem Parkplatz* / *im Parkhaus*.

In der Umgangssprache wird der Ausdruck *kofer* und nicht *kovčeg* verwendet.

Im Kroatischen gibt es einige Wörter, die nur einen Plural haben. Dazu gehören u.a. *vrata* (Tür), *hlače* (Hose) und *novine* (Zeitung). Vorsicht außerdem bei *auto*: Es ist männlich, obwohl es auf *-o* endet.

Gut zu wissen!
In Kroatien ist es üblich, Personen, die älter sind als man selbst, zu siezen. Das gilt sogar bei Familienmitgliedern wie z. B. den eigenen Schwiegereltern. Bei der jüngeren Generation wird jedoch diese Form der Anrede immer weniger angewendet.

A

Begrüßen, Vorstellen und Verabschieden

2 Ponovni susret
Sich wieder treffen

Wenn man eine Person direkt anspricht, verwendet man den Vokativ: *Ivan / Maja* = Nominativ
Ivane / Majo = Vokativ

Bok, Ivane!	Hallo Ivan!
Lijepo je što se opet vidimo.	Schön, dass wir uns wiedersehen.
Također. / Tebe isto.	*Ebenso. / Dich auch.*
Kako si?	Wie geht's?
Dobro. / Super.	*Gut. / Super.*
Dugo se nismo vidjeli.	Lange nicht gesehen.
Davno je to bilo.	Es ist schon lange her.
Koliko je vremena prošlo?	Wie viel Zeit ist vergangen?
Zadnji put smo se vidjeli prije dvije godine.	Das letzte Mal haben wir uns vor zwei Jahren gesehen.
Uopće se nisi ♂ promijenio / ♀ promijenila.	Du hast dich überhaupt nicht verändert.
Čudi me da si me uopće ♂ prepoznao / ♀ prepoznala.	Mich wundert's, dass du mich überhaupt noch wiedererkennst.
Sada imam manje kose.	Jetzt habe ich ein paar Haare weniger.
Malo sam se ⓜ udebljao / ⓕ udebljala.	Ich habe ein bisschen zugenommen.
♂ Smršavio si. / ♀ Smršavila si.	Du hast abgenommen.
Imaš novu frizuru.	Du hast eine neue Frisur.
Dobro ti stoji.	Es steht dir gut.
Super izgledaš.	Du siehst toll aus.
Znači, još se sjećaš puta *do mene* / *do nas*.	Du hast also noch *zu mir* / *zu uns* gefunden.

Zur Vereinfachung wird im Folgenden im Perfekt nur die männliche Pluralform angegeben, die im Kroatischen immer auch für gemischte Gruppen (Männer und Frauen) genutzt wird. Bei rein weiblichen Gruppen erhält das Partizip die Endung *-le* (z. B. *vidjele*). Siehe hierzu auch Seite 112.

♂ Pronašao / ♀ Pronašla si moj novi stan.	Du hast meine neue Wohnung gefunden.	
Je li bilo teško naći put ovamo?	War's schwierig, hierher zu finden?	
Stvarno je lijepo vidjeti te opet.	Es ist wirklich schön, dich wiederzusehen.	
Jako mi je drago da si ♂ uspio / ♀ uspjela doći.	Ich freue mich wirklich sehr, dass du es geschafft hast.	
Ne mogu ti reći koliko si mi ♂ nedostajao / ♀ nedostajala.	Ich kann dir gar nicht sagen, wie sehr du mir gefehlt hast.	Umgangssprachlich auch: ♂ *Falio* / ♀ *Falila si mi.*
Što ima novoga?	Gibt's was Neues?	
Puno se toga promijenilo.	Es hat sich viel getan.	
U biti je sve po starom.	Es ist eigentlich alles beim Alten geblieben.	
Ne sjećam se točno kada si zadnji put ♂ bio / ♀ bila ovdje.	Ich kann mich nicht mehr genau erinnern, wann du das letzte Mal hier warst.	
Kako je Sandra?	Wie geht es Sandra?	
Kako su Martin i Iva?	Wie geht es Martin und Iva?	
Lucija se (jako) raduje *ponovno te vidjeti / upoznati te.*	Lucija freut sich (sehr) darauf, *dich wiederzusehen / dich kennenzulernen.*	
Netko te jedva čeka upoznati.	Es gibt jemanden, der es kaum erwarten kann, dich kennenzulernen.	
Sve mi to djeluje poznato.	Das kommt mir alles sehr bekannt vor.	
Sve je sada drugačije.	Alles ist jetzt anders.	

> **Gut zu wissen!**
> Kroaten sind offene Leute und beantworten die Frage nach dem Befinden oft sehr ausführlich. Es ist eine höfliche Geste, sich z. B. nach den anderen Familienmitgliedern zu erkundigen.

A
Begrüßen, Vorstellen und Verabschieden

3 Međusobno se upoznavati
Sich untereinander bekannt machen

Poznajete li mog supruga Mislava?	Kennen Sie meinen Mann Mislav?
Jeste li već upoznali moju kolegicu Anu?	Haben Sie schon meine Kollegin Ana kennengelernt?
Poznaješ li ikoga ovdje?	Kennst du hier irgendjemanden?
Dođi da te upoznam sa Silvijom.	Komm, ich stelle dir Silvija vor.
(m) Želio / (f) Željela bih Vas upoznati s Julijom Magaš.	Ich möchte Sie gerne mit Julija Magaš bekannt machen.
Mogu li Vam predstaviti Marka Ivančića?	Kann ich Ihnen Marko Ivančić vorstellen?
Ovo je Marko Car.	Das ist Marko Car.
Ovo su Renata i Josip.	Das sind Renata und Josip.
Ovo je ...	Das ist ...
... moj partner / moja partnerica.	... mein Partner / meine Partnerin.
... moj suprug / moja supruga.	... mein Mann / meine Frau.
... moj sin / moja kći.	... mein Sohn / meine Tochter.
... moj dečko / moja cura.	... mein (fester) Freund / meine (feste) Freundin.
... moj poslovni partner / moja poslovna partnerica.	... mein Geschäftspartner / meine Geschäftspartnerin.
On je / Ona je ...	Er ist / Sie ist ...
... moj šef / moja šefica.	... mein Chef / meine Chefin.
... kolega / kolegica.	... ein Kollege / eine Kollegin.
... naš susjed / naša susjeda.	... unser Nachbar / unsere Nachbarin.

s / sa = mit
Vor Wörtern, die mit *s, z, š* oder *ž* beginnen steht *sa*.

Obwohl der Nachname bei Männern und Frauen im Nominativ gleich lautet, werden in den anderen Fällen die Nachnamen der Männer dekliniert, die der Frauen aber nicht.

Anstatt *moj suprug / moja supruga* wird oft *moj muž / moja žena* verwendet.

... dobar prijatelj / dobra prijateljica.	... ein guter Freund / eine gute Freundin.
Poznajemo li se već?	Wir kennen uns noch nicht, oder?
Smijem li se predstaviti?	Darf ich mich vorstellen?
Toliko sam već *dobrog / pozitivnog* (m) čuo / (f) čula o Vama!	Ich habe schon viel *Gutes / Positives* über Sie gehört.
Zar mi nismo već razgovarali na telefon?	Haben wir nicht schon miteinander telefoniert?
Vaš glas / Vas sam odmah (m) prepoznao / (f) prepoznala.	*Ihre Stimme kam / Sie kamen* mir gleich bekannt vor.
(m) Znao / (f) Znala sam da smo se već negdje sreli.	Ich wusste, dass wir uns bereits irgendwo begegnet sind.
Nažalost, imena ne pamtim dobro.	Leider kann ich mir Namen ganz schlecht merken.
Bojim se da je došlo do zabune.	Ich fürchte, hier liegt ein Missverständnis vor.
Mislim da ste me zamijenili s nekim drugim.	Ich glaube, Sie verwechseln mich mit jemand anderem.
Ah, oprostite. Izgledate kao *on / ona*.	Ach, Entschuldigung. Sie sehen genauso aus wie *er / sie*.

Vorsicht bei *dečko* und *prijatelj* (beide „Freund"): *dečko* bedeutet Freund in einer Beziehung, *prijatelj* ist lediglich ein Freund.

Gut zu wissen!
Bei der Begrüßung ist ein Handschlag üblich. Küsschen (einmal, zweimal) gibt es zwischen Mann und Frau oder zwischen zwei Frauen, nachdem sie sich länger nicht gesehen haben.
Wenn man eingeladen ist, sollte man ein kleines Gastgeschenk und reichlich Appetit mitbringen. Kroaten servieren oft eine üppige Mahlzeit, die man nicht ausschlagen sollte, weil der Gastgeber sonst beleidigt sein könnte.

A

Begrüßen, Vorstellen und Verabschieden

4 Oprostiti se
Sich verabschieden

Bok bzw. *bog* wird zur Begrüßung und zum Abschied verwendet. Die Bedeutung dieser beiden Wörter ist gleich, aber *bok* wird mehr in Zagreb und Umgebung verwendet, *bog* dagegen im restlichen Kroatien. In den Küstenregionen ist auch oft *ciao* zu hören.

Doviđenja.	Auf Wiedersehen.
Bok.	Tschüss.
Vidimo se *kasnije / uskoro*.	Wir sehen uns *später / bald*.
Pazi na sebe. / Pazi se.	Pass auf dich auf.
Vidimo se sljedeće nedjelje.	Wir sehen uns nächsten Sonntag.
Bilo je lijepo vidjeti te opet.	Es war schön, dich wiederzusehen.
Drago mi je što smo se upoznali.	Es freut mich, dass wir uns kennengelernt haben.
Nadam se da ćemo se uskoro vidjeti.	Ich hoffe, wir sehen uns bald wieder.
Vidimo se u Zagrebu, ako ne i ranije.	Wir sehen uns dann in Zagreb, wenn nicht früher.
Sretan put!	Gute Fahrt!
Nadam se da će sve proći u redu.	Ich hoffe, dass alles gut geht.
Pošalji mi poruku ako bude ikakvih problema.	Schick mir eine SMS, wenn es irgendwelche Probleme gibt.
Javi se kada stigneš.	Gib mir Bescheid, wenn du angekommen bist.
Lijep / Srdačan pozdrav Kristijanu.	*Schöne / Liebe* Grüße an Kristijan.
Pozdravi mi Anu.	Grüß mir Ana.
Puno pozdrava Marku.	Viele Grüße an Marko.
Pozdravite suprugu.	Grüße an Ihre Frau.

Eigennamen werden dekliniert:
Nominativ = *Marko / Maja*
Dativ = *Marku / Maji*

Ostanimo u kontaktu.	Lass uns in Kontakt bleiben.
Nemoj se zaboraviti javiti kada budeš opet u blizini.	Vergiss nicht, mir Bescheid zu geben, wenn du wieder einmal in der Nähe bist.
Uvijek imamo slobodan krevet.	Wir haben immer ein Bett frei.
Možeš nas posjetiti kada god želiš.	Du kannst uns jederzeit besuchen.
Uvijek ste nam dobrodošli.	Sie sind uns immer willkommen.
Bojim se da ću uskoro morati ići.	Ich fürchte, ich muss bald gehen.
Nažalost moram ići.	Ich muss jetzt leider los.
Vrijeme je da se krene.	Es wird Zeit zu gehen.
Vrijeme je da krenem.	Es ist Zeit, dass ich mich auf den Weg mache.
Moram ići.	Ich muss los.
Ne, sada stvarno moram ići.	Nein, ich muss jetzt wirklich gehen.

„Ein" wird nur dann mit *jedan* übersetzt, wenn es sich um die Zahl Eins handelt.

Gut zu wissen!
Die Verabschiedung unter Kroaten ist lang und man bleibt oft noch „eine Ewigkeit" im Flur oder vor der Tür stehen, bevor man geht. Es ist nützlich, sich ein paar Floskeln zu merken, mithilfe derer man sich „verziehen" kann wie z. B. *Zar je već toliko kasno?!* (Ist es schon so spät?!) und natürlich sollte man auch reichlich *puno hvala* (vielen Dank) verwenden.

B

Guter Umgang: Bitte, danke & Co.

5 Molim i hvala
Bitte und danke

Dem deutschen „ja, bitte" oder „ja, gerne" entspricht *Da, hvala.* und nicht ~~*Da, rado*~~.

Samo trenutak, molim.	Einen Augenblick, bitte.
Trebate li pomoć? – Da, hvala.	Benötigen Sie Hilfe? – Ja, gern.
Možete li to staviti na moj račun, molim Vas?	Können Sie es bitte auf meine Rechnung setzen?
Možete li mi, molim Vas, pokazati put?	Würden Sie mir bitte den Weg zeigen?
Molim Vas, potpišite ovdje.	Unterschreiben Sie bitte hier.

Für die Höflichkeitsformen „Würden Sie … / Könnten Sie … / Wären Sie …" werden im Kroatischen hauptsächlich *Možete li* + Infinitiv oder *Biste li mogli* + Infinitiv verwendet.

Biste li, molim Vas, mogli preparkirati auto?	Könnten Sie bitte ihr Auto umparken?
Nadam se da je u redu ako povedem i *prijatelja / prijateljicu*?	Ich hoffe, es ist in Ordnung wenn ich *einen Freund / eine Freundin* mitbringe?
Biste li, molim Vas, mogli ovdje kratko pričekati?	Könnten Sie hier bitte kurz warten?
Mogu li Vas zamoliti da …?	Ob ich Sie wohl darum bitten könnte, … ?
Hvala.	Danke.
Hvala *Vam / ti*.	Ich danke *Ihnen / dir*.
Puno hvala.	Vielen Dank.
Od srca Vam hvala.	Vielen herzlichen Dank.
Mogu li dobiti još kave? – Da, naravno.	Könnte ich noch etwas Kaffee haben? – Ja, natürlich.

Želite li još kave? – Ne, hvala. / Da, molim.	Möchten Sie noch etwas Kaffee? – Nein, danke. / Ja, bitte.	*Hvala* allein (ohne *ne* davor) wird, anders als im Deutschen, als Zustimmung und nicht als Ablehnung verstanden. Es wird immer in Kombination mit *da* oder *ne* benutzt: *Da, hvala. / Ne, hvala.*
Hvala. – Nema problema.	Danke. – Kein Problem.	
Hvala. – Molim.	Danke. – Bitte.	
Hvala. – Vrlo rado.	Danke. – Gern geschehen.	
Hvala. – I drugi put.	Danke. – Jederzeit gern.	
Puno ste mi pomogli.	Sie waren mir eine große Hilfe.	
Jako si ♂ ljubazan / ♀ ljubazna.	Das ist sehr freundlich von dir.	

Gut zu wissen!
Das deutsche „bitte" ist eine regelrechte Sprachfalle, denn es gibt im Kroatischen je nach Situation mehrere Möglichkeiten:
- „bitte" bei einer Bitte oder Aufforderung:
  *Dvije kave, **molim**.* (Zwei Kaffee, bitte.)
- „bitte (schön)" beim Überreichen eines Gegenstands:
  ***Izvolite** dvije kave.* (Bitte schön, zwei Kaffee.)
- „wie bitte?": *Kako, molim?*

B

Guter Umgang: Bitte, danke & Co.

6 Kako se ispričati
Sich entschuldigen

Žao mi je.	Tut mir leid.
Stvarno mi je jako žao.	Es tut mir wirklich sehr leid.
Oprostite, nisam Vas ⓜ vidio / ⓕ vidjela.	Entschuldigung, ich habe Sie nicht gesehen.
Nisam Vas ⓜ htio / ⓕ htjela naljutiti / smetati.	Ich wollte Sie nicht verärgern / stören.
Oprostite(, molim).	Entschuldigen Sie(, bitte).
Oprosti.	Entschuldige.
Oprosti / Oprostite što smetam.	*Entschuldige / Entschuldigen Sie*, dass ich störe.
Oprosti / Oprostite što kasnim.	*Entschuldige / Entschuldigen Sie*, dass ich zu spät komme.
Iskreno se ispričavam.	Meine allerherzlichste Entschuldigung.
Nije bilo namjerno.	Das war keine Absicht.
Ne razumijem kako se to moglo dogoditi.	Ich verstehe nicht, wie das passieren konnte.
To se nije smjelo dogoditi.	Das hätte nie passieren dürfen.
Stvarno mi je neugodno.	Das ist mir wirklich sehr unangenehm.
Mislim da se radi o zabuni.	Es scheint sich um ein Missverständnis zu handeln.
Mislim da se radi o grešci.	Es muss sich um einen Fehler handeln.
Sve je krenulo naopako.	Alles ist schiefgelaufen.

Wenn man eine Person siezt, dann sagt man *oprostite* (wörtlich: „Sie entschuldigen"), wenn man eine Person duzt *oprosti* (wörtlich: „du entschuldigst"). Es handelt sich um konjugierte Formen des Verbs *oprostiti*.

Sve se zbrčkalo.	Es gab ein richtiges Durcheinander.	
Nisam (m) znao / (f) znala da imate posjetu.	Ich wusste nicht, dass Sie Besuch haben.	*imati posjetu* (Besuch haben) = *imati goste* (Gäste haben)
Nažalost (m) sam bio spriječen / (f) sam bila spriječena.	Ich war leider verhindert.	
Nisam Vas (m) očekivao / (f) očekivala ovako rano.	So früh habe ich Sie gar nicht erwartet.	
Oprostite. – Nema problema.	Entschuldigen Sie. – Kein Problem.	
Sve je u redu.	Es ist alles in Ordnung.	
Ne brini.	Mach dir keine Sorgen.	
Svejedno mi je.	Das ist mir egal.	
Svejedno je.	Ist egal.	
Nema veze.	Macht nix.	

Gut zu wissen!
Oprosti bzw. *oprostite* verwendet man im Kroatischen nicht nur, wenn man sich für etwas entschuldigt, sondern auch in höflichen Bitten oder Fragen:
Oprostite, gdje je pošta? (Entschuldigung, wo ist die Post?)
Oprostite, možete li mi donijeti jelovnik? (Entschuldigung, können Sie mir die Speisekarte bringen?)

B

Guter Umgang: Bitte, danke & Co.

7 Možete li ponoviti? Können Sie das wiederholen?

Govorite li *hrvatski / njemački*?	Sprechen Sie *Kroatisch / Deutsch*?
Da, (ali samo) malo.	Ja, (aber nur) ein wenig.
Razumijete li (me)?	Verstehen Sie (mich)?
(Ja) razumijem.	(Ich) verstehe.
Kako, molim?	Wie bitte?
Oprostite, (to) ne razumijem.	Entschuldigen Sie, ich verstehe (das) nicht.
Žao mi je, nažalost nisam (u potpunosti) (m) shvatio / (f) shvatila.	Tut mir leid, das habe ich leider nicht (ganz) mitbekommen.
Oprostite, što ste rekli?	Entschuldigen Sie, was haben Sie gesagt?
Možete li govoriti *sporije / glasnije*?	Könnten Sie bitte etwas *langsamer / lauter* sprechen?
Oprostite, možete li ponoviti?	Entschuldigung, könnten Sie das bitte wiederholen?
Možete li se drugačije izraziti?	Können Sie das anders ausdrücken?
Možete li mi to, molim Vas, zapisati?	Könnten Sie es mir bitte aufschreiben?
Je li to s jednim ili dva L?	Ist das mit einem oder zwei L?
Je li to veliko ili malo S?	Ist das ein großes oder kleines S?
Mislite li …?	Meinen Sie …?
Želite li reći da …?	Wollen Sie sagen, dass …?

Vorsicht! Die zweite Person Plural *vas* (*vi* im Nominativ) wird auch als höfliche Anredeform im Singular benutzt. In diesen Fällen wird das Pronomen dann groß geschrieben.

Što znači ...?	Was bedeutet ...?
Nažalost ne znam hrvatsku riječ za ...	Ich kenne leider das kroatische Wort für ... nicht.
Kako se kaže ... na hrvatskom?	Wie heißt ... auf Kroatisch?
Kako se to kaže na hrvatskom?	Wie heißt das auf Kroatisch?
Kako se na hrvatskom kaže da trebam liječnika?	Wie sagt man auf Kroatisch, dass man einen Arzt braucht?
Kako glasi *hrvatski / njemački* izraz?	Wie lautet die *kroatische / deutsche* Entsprechung?
Možete li mi dati primjer?	Können Sie mir ein Beispiel geben?
Kako se to izgovara?	Wie spricht man das aus?
Kako se to piše?	Wie schreibt man das?
Oprostite, mislim da sam se krivo (m) izrazio / (f) izrazila.	Entschuldigen Sie, ich glaube, ich habe mich falsch ausgedrückt.
Pokušat ću to drugačije formulirati.	Ich versuche, es anders zu formulieren.
Što sam (u biti) (m) htio / (f) htjela reći, bilo je ...	Was ich (eigentlich) sagen wollte, war ...

Die wichtigsten Fragewörter für ein einfaches Gespräch im Kroatischen sind: *tko?* (wer?), *što?* (was?), *kako?* (wie?), *kada?* (wann?), *gdje?* (wo?), *kamo?* (wohin?), *zašto?* (warum?).

Das unpersönliche Pronomen „man" gibt es auf Kroatisch nicht. Alle Aussagen sind personalisiert (1. oder 3. Person).

Gut zu wissen!
Wenn einem ein Wort fehlt, sollte man sich mit Mimik, Gestik oder Zeichen weiter helfen. Kroaten sind Meister im Gestikulieren (siehe auch Seite 110), deswegen ist es zu empfehlen, auf diese Zeichen zu achten. Dadurch wird einem oft vieles klarer.

B
Guter Umgang: Bitte, danke & Co.

8 Voditi zanimljiv razgovor
Gespräche in Gang halten

Ma da? / Zar stvarno?	*Ach so? / Ach wirklich?*
To je stvarno zanimljivo.	Das ist ja wirklich interessant.
Kako zanimljivo.	Wie interessant.
To nisam ⓜ znao / ⓕ znala.	Das wusste ich nicht.
O tome još nikad ništa nisam ⓜ čuo / ⓕ čula.	Davon habe ich noch nie etwas gehört.
Pa to je *super / divno / fantastično*!	Das ist ja *super / wunderbar / fantastisch*!
Zar to nije divno?	Ist das nicht wunderbar?
Cool!	Cool!
To nije moguće.	Das ist doch nicht möglich.
Nema šanse!	Vergiss es!
To ne može biti istina!	Das darf doch nicht wahr sein!
O Bože!	Oh Gott!
K vragu!	Verdammt!
Ne znam što da kažem.	Ich weiß nicht, was ich sagen soll.
Bez riječi sam.	Ich bin sprachlos.
To prvi put čujem.	Das höre ich zum ersten Mal.
I što se tada dogodilo?	Und was ist dann passiert?
Kako ste saznali?	Wie haben Sie es herausgefunden?
Što si (onda) ♂ učinio / ♀ učinila?	Was hast du (dann) gemacht?

Kroaten fluchen leidenschaftlich gern. Ausdrücke wie *k vragu* sind aber selten wirklich böse gemeint.

Kada ste na kraju stigli?	Wann sind Sie dann letztendlich angekommen?
Kako strašno!	Wie schrecklich!
(To) mora da je bilo teško.	(Das) muss ja schwierig gewesen sein.
(To) zvuči prilično odvratno.	(Das) klingt ziemlich scheußlich.
Kako neobična situacija.	Was für eine ungewöhnliche Situation.
Ne znam što bih ja (m) učinio / (f) učinila.	Ich weiß nicht, was ich gemacht hätte.
Tako nešto se i meni već dogodilo.	So etwas ist mir auch schon mal passiert.
Tako nešto mi uvijek digne tlak.	So etwas bringt mich immer auf die Palme.
To mi je jako poznato.	Das kenne ich nur zu gut.
Kako je to ono bilo?	Wie war das noch mal?
Zar ste stvarno morali …?	Musstet ihr wirklich …?
I kako je *on reagirao / ona reagirala*?	Und wie hat *er / sie* reagiert?
I što je onda rekla?	Was hat sie dann gesagt?
I što je on onda učinio?	Was hat er dann getan?
I to je onda bilo to?	Und das war's dann?

Tako nešto mi uvijek digne tlak. ist ein sehr beliebter Ausdruck und wird oft auch in der Form *Ne diži mi tlak.* (Bring mich nicht auf die Palme.) verwendet.

> **Gut zu wissen!**
> In Kroatien ist es sehr einfach, eine Konversation in Gang zu halten, da die Kroaten sehr redselig sind und viel Interesse am Gesprächspartner zeigen. Antworten Sie aus Höflichkeit nie nur mit „ja" oder „nein" und stellen Sie viele Fragen.

C
Miteinander ins Gespräch kommen

9 Odakle ste Vi? Über die Herkunft sprechen

Odakle ste Vi?	Woher kommen Sie?
Odakle si?	Woher kommst du?
Gdje živite?	Wo sind Sie zu Hause?
Koji je to dio zemlje?	Welcher Landesteil ist das?
Dopustite da pogodim: Vi ste iz Istre?	Lassen Sie mich raten: Sie sind aus Istrien?
Jeste li Vi slučajno iz Zagreba?	Sind Sie zufällig aus Zagreb?

Im Kroatischen bedeutet *zemlja* „das Land" und „der Staat", wobei „der Staat" offiziell mit *država* übersetzt wird und *zemlja* mehr in der gesprochenen Sprache benutzt wird.

Die Präposition *iz* wird im Kroatischen mit dem Genitiv benutzt: Beispielsweise erhalten weibliche Nomen ein *-e* als Endung (*Njemačka = iz Njemačke / Rijeka = iz Rijeke*) und männliche und sächliche Nomen ein *-a* (*Japan = iz Japana / Berlin = iz Berlina*).

Ja sam …	Ich bin …
… iz Njemačke.	… aus Deutschland.
… iz Austrije.	… aus Österreich.
… iz Švicarske.	… aus der Schweiz.
Ja sam iz mjesta koje se zove …	Ich bin aus einem Ort namens …
To je *na sjeveru / na jugu / na istoku / na zapadu*.	Das liegt *im Norden / im Süden / im Osten / im Westen*.
Nalazi se *sjeverno / južno / istočno / zapadno* od Kölna.	Es liegt *nördlich / südlich / östlich / westlich* von Köln.
Nalazi se blizu Berlina.	Es liegt in der Nähe von Berlin.
Nije daleko od Hamburga.	Es ist nicht weit entfernt von Hamburg.
Nalazi se *na Rajni / u Schwarzwaldu / na moru*.	Es liegt *am Rhein / im Schwarzwald / am Meer*.
Nalazi se u saveznoj pokrajni *Sjeverna Rajna-Vestfalija / Bavarska / (Donja) Saska*.	Es liegt im Bundesland *Nordrhein-Westfalen / Bayern / (Nieder-)Sachsen*.

To je majušno mjesto.	Es ist ein winzig kleiner Ort.
To je u totalnoj zabiti.	Es ist mitten im Nirgendwo.
Najvjerojatnije nikad niste čuli za to.	Sie haben wahrscheinlich nie davon gehört.
Nije baš centar svijeta.	Es ist nicht gerade der Mittelpunkt der Welt.
Neka Vam ne bude neugodno što nikad niste čuli za to. Nisam ni ja dok se nisam tamo (m) preselio / (f) preselila.	Es muss Ihnen nicht peinlich sein, wenn Sie nie davon gehört haben. Das hatte ich auch nicht, bis ich dorthin gezogen bin!
Meni se sviđa. Tamo se može ugodno živjeti.	Mir gefällt es. Dort lässt es sich gut leben.
Mjesto je dosadno.	Der Ort ist eher öde.
(m) Rođen / (f) Rođena sam u ...	Ich bin in ... geboren.
Porijeklom sam iz ...	Ursprünglich bin ich aus ...
Prije četiri godine sam se (m) preselio / (f) preselila u München.	Ich bin vor vier Jahren nach München gezogen.
Jeste li prvi put ovdje?	Sind Sie das erste Mal hier?
Je li to Vaše prvo putovanje u Beč?	Ist das Ihre erste Reise nach Wien?

Oft wird für *To je u totalnoj zabiti.* das umgangssprachliche *To je Bogu iza nogu / iza leđa.* verwendet. (Wörtlich: Das liegt hinter Gottes Beinen / Rücken.)

Auf die Frage „woher?" antwortet man mit *iz* + Genitiv. Auf die Frage „wo?" antwortet man mit *u* + Lokativ: *Ja sam iz Münchena. / Ja živim u Münchenu.* (Ich komme aus München. / Ich lebe in München.)

> **Gut zu wissen!**
> Kroatien ist in 22 Bezirke (früher auch Gespanschaften genannt) unterteilt. Daher rührt auch die Komplexität und Unüberschaubarkeit des kroatischen Staatsapparats. Es ist zudem nichts Ungewöhnliches, wenn Ihr kroatischer Gesprächspartner die deutsche Stadt, aus der Sie kommen, gut kennt. Denn von vielen Kroaten lebt ein Teil der Familie in Deutschland oder Österreich und viele Kroaten haben selbst jahrelang im Ausland gearbeitet.

C
Miteinander ins Gespräch kommen

10 Razgovarati o vremenu
Über das Wetter sprechen

Lijep dan danas, zar ne?	Schöner Tag heute, nicht wahr?
Danas nije baš lijep dan, zar ne?	Kein sehr schöner Tag heute, nicht wahr?
Kakvo *krasno / divno* vrijeme.	Was für ein *herrliches / wunderbares* Wetter.
Kakvo grozno vrijeme!	Was für ein schreckliches Wetter!
Bolje je nego *jučer / danas ujutro*.	Es ist besser als *gestern / heute Morgen*.
Tako je *vruće / hladno*.	Es ist so *heiß / kalt*.
Vjetrovito je.	Es ist windig.
Maglovito je.	Es ist neblig.
Ova kiša je grozna / Ova magla je grozna / Ovaj vjetar je grozan, zar ne?	Dieser *Regen / Nebel / Wind* ist schrecklich, oder?
Barem ne pada kiša.	Wenigstens regnet es nicht.
Lijepo je ponovno vidjeti sunce.	Es ist schön, mal wieder die Sonne zu sehen.
Kakvo je inače vrijeme ovdje?	Wie ist das Wetter hier normalerweise?
Tu je često tako.	Es ist oft so hier.
Nemamo puno snijega.	Wir haben nicht viel Schnee.
Ja nikako ne volim *zimu / hladnoću*.	Ich mag *den Winter / die Kälte* überhaupt nicht.
Ja volim *proljeće / sunce*.	Ich liebe *den Frühling / die Sonne*.

Das Wort *vrijeme* bezeichnet sowohl das Wetter als auch die Zeit.
Aber Vorsicht: Ich habe keine Zeit. = *Nemam vremena.*

Ovdje und *tu* (beide „hier") sind Synonyme.

„Lieben" und „mögen" werden beide mit *voljeti* übersetzt: *ja volim / mi volimo* (ich liebe bzw. mag / wir lieben bzw. mögen).

Ne podnosim vrućinu.	Ich vertrage die Hitze nicht.
Meni vrućina ne smeta.	Mich stört die Hitze nicht.
Bilo je prilično puno mraza sinoć.	Es war ganz schön frostig letzte Nacht.
Jučer je padalo kao iz kabla.	Gestern hat es nur geschüttet.
Sunčano od jutra do večeri. Odlično!	Sonne von morgens bis abends. Fantastisch!
Bolje / Gore ne može biti.	*Besser / Schlimmer* kann es nicht sein.
Kakva je vremenska prognoza?	Wie ist die Wettervorhersage?
Trebalo bi biti *suho / mokro / oblačno / sunčano*.	Es soll *trocken / nass / bewölkt / sonnig* sein.
Najavili su snijeg.	Sie haben Schnee vorhergesagt.
Trebalo bi biti *gore / toplije / hladnije*.	Es soll *schlechter / wärmer / kälter* werden.
Bit će bolje.	Es wird besser.
Ostat će većinu dana vjetrovito.	Es bleibt den größten Teil des Tages windig.
Kasnije bi se trebalo *raščistiti / ohladiti*.	Es soll sich später *aufhellen / abkühlen*.
Temperatura je ispod nule.	Wir haben Temperaturen unter dem Gefrierpunkt.
Minus šest stupnjeva je.	Es sind minus sechs Grad.
Preko trideset stupnjeva je.	Es sind über 30 Grad.

Vorsicht! Wenn man im Kroatischen etwas verneint, dann doppelt: *Ja ništa ne razumijem*. (Ich verstehe nichts.)

Das Verb „sein" (*biti*) wird im Kroatischen ohne Personalpronomen verwendet und steht deswegen oft am Satzende *(je)*.

Gut zu wissen!
Über das Wetter zu sprechen ist ein guter Gesprächsanfang. Kroaten jammern immer sehr über das Wetter: Es ist immer entweder zu kalt oder zu warm.

C
Miteinander ins Gespräch kommen

11 Ljubaznost i komplimenti
Nettigkeiten und Komplimente

To / Ovo je …	*Es / Das* ist …
… lijepo!	… schön!
… prekrasno!	… wunderschön!
… odlično!	… großartig!
… fantastično!	… fantastisch!
Izgledaš odlično.	Du siehst großartig aus.
Izgledaš jako dobro.	Du siehst sehr gut aus.
Uopće se nisi ♂ promijenio / ♀ promijenila.	Du hast dich überhaupt nicht verändert.
Izgledaš mlado kao i uvijek.	Du siehst so jung aus wie eh und je.
Ta ti boja super stoji.	Die Farbe steht dir wirklich gut.
Outfit ti je stvarno *cool / super*.	Dein Outfit ist echt *cool / super*.
Kakav prekrasan stan.	Was für eine wunderschöne Wohnung.
Kakvo lijepo cvijeće!	Was für schöne Blumen!
Kakav predivan pogled!	Was für eine herrliche Aussicht!
Ovo mjesto ima super atmosferu.	Dieser Ort hat eine tolle Atmosphäre.
Tako je tiho i mirno.	Es ist so still und friedlich.
Puno je života.	Es ist voller Leben.
To je *ukusno / stvarno fino*.	Das ist *köstlich / richtig lecker*.
To je fantastično vino.	Das ist ein fantastischer Wein.

Häufiger als die wörtliche Übersetzung mit *fantastično* hört man für „fantastisch" *odlično* (großartig) oder *super* (super).

Hrana je bila odlična.	Das war ein tolles Essen.
Već dugo nisam tako dobro ⓜ jeo / ⓕ jela.	Ich habe lange nicht mehr so gut gegessen.
Moraš mi obavezno otkriti recept.	Du musst mir unbedingt das Rezept verraten.
Tvoj *hrvatski / njemački* je stvarno dobar.	Dein *Kroatisch / Deutsch* ist wirklich gut.
Gdje ste naučili tako dobro govoriti *hrvatski / njemački*?	Wo haben Sie gelernt, so gut *Kroatisch / Deutsch* zu sprechen?
ⓜ Volio / ⓕ Voljela bih znati hrvatski tako dobro kao ti.	Ich wünschte, ich könnte so gut Kroatisch wie du.
Kakav originalan poklon.	Was für ein originelles Geschenk.
Tako nešto sam si oduvijek ⓜ želio / ⓕ željela.	So etwas habe ich mir schon immer gewünscht.
To stvarno nije bilo potrebno.	Das wäre wirklich nicht nötig gewesen.
Tako ste *ljubazni / mi pomogli*.	Sie sind so *freundlich / hilfsbereit*.
Stvarno ste sve učinili da se osjećam kao kod kuće.	Sie haben wirklich alles getan, damit ich mich wie zu Hause fühle.
Ne znam što bih ⓜ učinio / ⓕ učinila bez tebe.	Ich weiß nicht, was ich ohne dich gemacht hätte.
Bili ste mi od velike pomoći.	Sie waren mir eine riesige Hilfe.
Hvala što si ♂ našao / ♀ našla vremena za mene.	Danke, dass du dir Zeit für mich genommen hast.

Ja sam kod kuće. und *Ja sam doma.* haben die gleiche Bedeutung (Ich bin zu Hause.).

Gut zu wissen!
Es gehört zur höflichen kroatischen Art, mit Komplimenten zu übertreiben: Wundern Sie sich aber nicht, wenn Sie auch Kritik zu hören bekommen. Das ist die direkte kroatische Art.

C

Miteinander ins Gespräch kommen

12 Flertovati / Flirten

Achtung: (m) *Ugledao* / (f) *Ugledala sam te* und nicht (m) *Vidio* / (f) *Vidjela sam te*.

Mi se još nismo upoznali, zar ne?	Wir kennen uns noch nicht, oder?
Još te nikad nisam (m) vidio / (f) vidjela ovdje.	Ich habe dich hier vorher noch nie gesehen.
(m) Ugledao / (f) Ugledala sam te i jednostavno sam (m) morao / (f) morala reći bok.	Ich habe dich gesehen und musste einfach Hallo sagen.
Je li u redu ako Vam se pridružim?	Ist es in Ordnung, wenn ich mich zu Ihnen geselle?
Jeste li sami ovdje?	Sind Sie allein hier?
Nadam se da ne smetam, ali …	Ich hoffe, ich störe nicht, aber …
Oprostite, smijem li Vas nešto pitati?	Entschuldigung, darf ich Sie etwas fragen?
Imate predivan osmijeh.	Sie haben ein wunderschönes Lächeln.
Jako si ♂ zgodan / ♀ zgodna.	Du bist sehr hübsch.
Imaš prelijepe oči.	Du hast wunderschöne Augen.
Jako mi se sviđa kako plešeš.	Ich liebe es, wie du tanzt.
Mislim da još nikad nisam (m) sreo / (f) srela nekoga tko …	Ich glaube, ich bin noch nie jemandem begegnet, der …
Što te zanima?	Für was interessierst du dich?
Koju vrstu glazbe voliš?	Welche Art von Musik magst du?
Znaš li gdje se ovdje može dobro provesti?	Weißt du, wo man hier gut ausgehen kann?

Umgangssprachlich wird sehr oft *muzika* anstatt *glazba* benutzt.

Što možete preporučiti?	Was können Sie empfehlen?
Što bi ti sada ♂ volio / ♀ voljela?	Worauf hättest du Lust?
Ⓜ Htio / Ⓕ Htjela bih uskoro ići.	Ich wollte bald gehen.
Smijem li Vas počastiti još jednim pićem?	Darf ich Sie noch auf einen Drink einladen?
Zar već želite ići?	Sie wollen schon gehen?
I ja sam isto upravo Ⓜ mislio / Ⓕ mislila ići.	Ich wollte auch gerade gehen.
Smijem li Vam se pridružiti?	Darf ich mich Ihnen anschließen?
Idem u istom smjeru.	Ich gehe in dieselbe Richtung.
Možemo podijeliti taksi.	Wir könnten uns ein Taxi teilen.
Bilo je stvarno lijepo upoznati Vas.	Es war wirklich schön, Sie kennenzulernen.
Rado bih te Ⓜ vidio / Ⓕ vidjela ponovno.	Ich würde dich sehr gern wieder sehen.
Možda bismo jednom prilikom mogli ići zajedno na večeru, recimo sutra?	Sollen wir mal abends zusammen essen gehen, morgen vielleicht?
Bi li ♂ volio / ♀ voljela pogledati ovaj novi film?	Hättest du Lust, diesen neuen Film zu sehen?
U koliko (sati) bi ti odgovaralo?	Um wie viel Uhr würde es dir passen?
Da te pokupim?	Soll ich dich abholen?

Achtung! *Ići* ist der Infinitiv von „gehen". Konjugiert lauten die Formen: *ja idem* (ich gehe), *ti ideš* (du gehst), *on / ona ide* (er / sie geht), *mi idemo* (wir gehen), *vi / Vi idete* (ihr geht / Sie gehen), *oni / one idu* (sie gehen).

Sati (Uhrzeit) muss man nicht erwähnen, da sich *U koliko ...?* immer auf die Uhrzeit bezieht.

Gut zu wissen!
Kroaten flirten gern und Sex ist auch kein Tabuthema. Hier ein gängiger Spruch:
Sigurno te već bole noge, cijeli dan mi hodaš po mislima!
(Bestimmt tun deine Füße weh! Du läufst schon den ganzen Tag in meinen Gedanken herum).

D

Sich näher kennenlernen

13 Što ste po zanimanju? Über den Beruf sprechen

Što ste po zanimanju?	Was machen Sie beruflich?
Gdje radiš?	Wo arbeitest du?
Ja sam *bolničar / medicinska sestra*.	Ich bin *Krankenpfleger / Krankenschwester*.
Radim kao *učitelj(ica)*.	Ich arbeite als *Lehrer(in)*.
Radim u informatičkom sektoru.	Ich arbeite in der Computerbranche.
Radim u osiguravajućem društvu.	Ich arbeite bei einer Versicherungsgesellschaft.
Radim / Ja sam u poduzeću koje se zove …	*Ich arbeite / Ich bin* bei einem Unternehmen namens …
Ja sam u *marketingu / knjigovodstvu*.	Ich bin *im Marketing / in der Buchhaltung*.
Ja *sam odgovoran za / se brinem za / vodim* …	Ich *bin verantwortlich für / kümmere mich um / leite* …
Ja sam *obrtnik / freelancer*.	Ich bin *selbstständig / freiberuflich tätig*.
Imam vlastitu tvrtku.	Ich habe meine eigene Firma.
Radim *puno radno vrijeme / pola radnog vremena*.	Ich arbeite *Vollzeit / Teilzeit*.
Idem u školu i učim zanat.	Ich gehe zur Schule und lerne einen Beruf.
Još idem u školu.	Ich gehe noch zur Schule.
Volontiram / Odrađujem praksu u banci.	Ich mache ein *Volontariat / Praktikum* bei einer Bank.

In Kroatien nennt man nur die Grundschullehrer(innen) *učitelj(ica),* alle anderen Lehrer(innen) sind *profesor(ica)*.

Eine Berufsausbildung wie in den deutschsprachigen Ländern gibt es in Kroatien nicht. Die Berufsausbildung ist meist im Lehrplan der Schule integriert.

(m) Bio sam šest mjeseci nezaposlen. / (f) Bila sam šest mjeseci nezaposlena.	Ich war sechs Monate arbeitslos.
Tražim posao.	Ich bin auf Arbeitssuche.
U mirovini sam.	Ich bin im Ruhestand.
Kod kuće sam *s djecom* / *i brinem se o svojoj majci*.	Ich bin zu Hause *bei den Kindern* / *und pflege meine Mutter*.
Volite li svoj posao?	Mögen Sie Ihre Arbeit?
Je li to dobra tvrtka?	Ist es eine gute Firma?
Volim tamo raditi.	Ich arbeite gern dort.
To je *izazovno* / *jako ispunjavajuće*.	Es ist *eine Herausforderung* / *sehr befriedigend*.
Plaća bi, naravno, mogla biti i bolja.	Die Bezahlung könnte natürlich besser sein.
Prilično / *Jako* je stresno.	Es ist *ziemlich* / *sehr* stressig.
Puno radim prekovremeno.	Ich mache viele Überstunden.
Previše posla i premalo ljudi.	Zu viel Arbeit und nicht genug Leute.
Poduzeće se neprestano restrukturira.	Die Firma wird ständig umstrukturiert.
Čovjek mora biti zahvalan što uopće ima posao.	Man muss dankbar sein, dass man überhaupt eine Arbeit hat.

Ein sehr beliebtes Wort für „Ruhestand" ist *penzija*.

Seien Sie nicht überrascht, wenn Sie in Kroatien nach Ihrem Gehalt gefragt werden. Es ist aber nicht unhöflich, wenn Sie dazu keine Auskunft geben.

> **Gut zu wissen!**
> Berufsbezeichnungen haben meistens eine männliche und eine weibliche Form, z. B. *konobar – konobarica* (Kellner – Kellnerin), *liječnik – liječnica* (Arzt – Ärztin). Bei Berufen, für die es grammatikalisch nur die männliche Form gibt, wird *ženski* (weiblich) hinzugefügt, z. B. *ženski astronaut* (Astronautin).

D

Sich näher kennenlernen

14 Obitelj i životopis
Familie und Werdegang

Altersangaben werden im Kroatischen mit *imati* (haben) gemacht. Also: *Marko ima osam godina.* und nicht ~~Marko je osam godina.~~

In Kroatien dauert die Grundschule acht Jahre.

Ja sam ⓜ rođen i odrastao / ⓕ rođena i odrasla u istočnoj Njemačkoj.	Ich bin im Osten Deutschlands geboren und aufgewachsen.
U Dresdenu sam ⓜ išao / ⓕ išla u školu.	Ich bin in Dresden zur Schule gegangen.
ⓜ Preselio / ⓕ Preselila sam se s roditeljima u München.	Ich bin mit meinen Eltern nach München gezogen.
Moji roditelji su se rastali kada sam ⓜ imao / ⓕ imala četiri godine.	Meine Eltern haben sich getrennt, als ich vier war.
S osamnaest sam ⓜ završio / ⓕ završila školu.	Mit 18 war ich mit der Schule fertig.
ⓜ Prekinuo / ⓕ Prekinula sam školovanje poslije osnovne škole.	Ich bin nach der Grundschule abgegangen.
Ja sam / Ja nisam morao u vojsku.	*Ich musste / Ich musste nicht* zum Wehrdienst.
Umjesto vojske, služio sam civilno.	Ich habe statt Wehrdienst Zivildienst gemacht.
ⓜ Završio / ⓕ Završila sam za stolara.	Ich habe eine Ausbildung zum Schreiner gemacht.
Nakon završetka školovanja, ⓜ radio / ⓕ radila sam dvije godine u Münchenu.	Nach der Berufsausbildung habe ich zwei Jahre in München gearbeitet.
ⓜ Preškolovao / ⓕ Preškolovala sam se za fizioterapeuta.	Ich habe auf Physiotherapeut(in) umgeschult.

ⓜ Promijenio / ⓕ Promijenila sam radno mjesto.	Ich habe die Stelle gewechselt.	
Nemam ni brata ni sestru.	Ich habe keine Geschwister.	„Geschwister" übersetzt man mit *brat i sestra* (Bruder und Schwester).
Moja starija sestra živi u Italiji.	Meine ältere Schwester lebt in Italien.	
Ona je moja polusestra.	Sie ist meine Halbschwester.	
Moja majka se preudala.	Meine Mutter hat wieder geheiratet.	
Zaljubili smo se. Bila je to ljubav na prvi pogled.	Wir haben uns verliebt. Es war Liebe auf den ersten Blick.	
Mi smo u braku.	Wir sind verheiratet.	
Mi nismo u braku.	Wir sind nicht verheiratet.	
Mi smo *šest godina / od 2012.* zajedno.	Wir sind seit *sechs Jahren / 2012* zusammen.	
Marko i ja smo prekinuli.	Marko und ich haben uns getrennt.	
Naš brak se raspao.	Unsere Ehe ist auseinandergegangen.	
Moja bivša žena / Moj bivši muž i ja se još uvijek dobro slažemo.	*Meine Ex-Frau / Mein Ex-Mann* und ich verstehen uns immer noch gut.	
Nemam djece.	Ich habe keine Kinder.	
Imam *jednu kćer / jednoga sina* (iz prijašnjeg braka).	Ich habe *eine Tochter / einen Sohn* (aus einer früheren Ehe).	*Kćer* ist die Akkusativform von *kći*. Umgangssprachlich wird auch oft *kćerka* verwendet.
Ona / On živi s majkom.	*Sie / Er* lebt bei der Mutter.	

> **Gut zu wissen**
> Grundsätzlich baut das kroatische Schulsystem auf einer achtjährigen Grundschule auf. Ab der neunten Klasse kann man für vier weitere Jahre verschiedene Zweige der Mittelschule (*srednja škola*) mit berufspraktischer Ausrichtung oder des Gymnasiums (*gimnazija*) wählen. Wie das Abitur (*matura*) ermöglicht auch ein vierjähriger Mittelschulabschluss ein darauffolgendes Studium.

D
Sich näher kennenlernen

15 Svakodnevica i rutina
Alltag und Routine

Sve ide dobro. Uvijek se nešto događa.	Alles läuft gut. Es ist immer etwas los.
Prilično sam ⓜ zauzet / ⓕ zauzeta.	Ich bin ziemlich beschäftigt.
Vodim prilično hektičan život.	Ich führe ein ziemlich hektisches Leben.
Uvijek imam nešto za raditi.	Ich habe immer etwas zu tun.
Dosta sam pod stresom.	Ich habe ziemlich viel Stress.
Većinu vremena je sve (više ili manje) pod kontrolom.	Die meiste Zeit ist alles (mehr oder weniger) unter Kontrolle.
Rano *ustajem / se budim* i kasno idem u krevet.	Ich *stehe / wache* früh auf und gehe spät ins Bett.
Jutra su prilično hektična.	Morgens geht es immer ziemlich hektisch zu.
Ujutro ne volim žuriti.	Morgens lasse ich mir Zeit.
Do posla moram dugo *voziti / hodati*.	Bis zur Arbeit muss ich lange *fahren / gehen*.
Treba mi sat i pol do posla.	Ich brauche anderthalb Stunden zur Arbeit.
Vodim djecu *u jaslice / u vrtić*.	Ich bringe die Kinder *in die Kinderkrippe / in den Kindergarten*.
Rano krećem od doma kako bih ⓜ izbjegao / ⓕ izbjegla gužvu u prometu.	Ich fahre früh von zu Hause los, um den Verkehr zu vermeiden.

Stalno und *uvijek* (beide: „immer") sind Synonyme.

Der Kindergarten (für Kinder von 3 bis 6 Jahren) heißt *vrtić*. Die ganz Kleinen gehen in die Kinderkrippe, die *jaslice* heißt.

Većinu vremena vlak je pun / *kasni*.	Der Zug ist meistens voll / *verspätet*.
Obično jedem ručak *u menzi / u uredu*.	Ich esse gewöhnlich *in der Kantine / im Büro* zu Mittag.
U podne uglavnom jedem samo salatu.	Mittags esse ich meist nur einen Salat.
U podne pokušavam izaći iz ureda, ali mi to ne uspijeva uvijek.	Mittags versuche ich aus dem Büro rauszukommen, aber ich schaffe es nicht immer.
Često kasno dođem kući.	Oft komme ich erst spät nach Hause.
Nemam puno vremena za sebe.	Ich habe nicht viel Zeit für mich.
Često samo buljimo u televizor.	Oft hocken wir nur vor der Glotze.
Preko tjedna ne izlazim često.	Unter der Woche gehe ich nicht oft weg.
Jednom tjedno idem *na fitness / na jogu*.	Ich gehe einmal die Woche *ins Fitness-Studio / zum Yoga*.
(m) Počeo / (f) Počela sam plesati salsu.	Ich habe mit Salsatanzen angefangen.
Za subotu je u planu kupovina, kućanski poslovi i slično.	Am Samstag stehen Einkauf, Haushalt und so weiter an.

Vom Nomen *ručak* (Mittagessen) leitet sich das Verb *ručati* ab: *Ja ručam*. (Ich esse zu Mittag.)

> **Gut zu wissen!**
> Die Hauptmahlzeit, bei der die ganze Familie am Tisch sitzt, ist *večera (f.)* (das Abendessen). Weitere Mahlzeiten sind *doručak (m.)* (das Frühstück) und *ručak (m.)* (das Mittagessen).
> Die Verben zu den Mahlzeiten lauten: *doručkovati* (frühstücken), *ručati* (zu Mittag essen) und *večerati* (zu Abend essen).
> Im Restaurant zu frühstücken oder zu brunchen ist in Kroatien nicht üblich und wird selten angeboten.

D

Sich näher kennenlernen

16 Opis osoba
Personen beschreiben

Fragewort beachten:
♂ *kakav?* / ♀ *kakva?* =
Frage nach der Eigenschaft
kako? = wie?

Kakav je on?	Wie ist er denn so?
Kakva je ona?	Wie ist sie denn so?
Kako *on / ona* izgleda?	Wie sieht *er / sie* aus?
Ona je *visoka / niska / srednje visine*.	Sie ist *groß / klein / mittelgroß*.
On je *vitak / jak*.	Er ist *schlank / kräftig*.
Ona je malo punašna.	Sie ist etwas füllig.
Ona *je atraktivna / dobro izgleda / je zgodna / je lijepa*.	Sie ist *attraktiv / gut aussehend / hübsch / schön*.
On *je atraktivan / dobro izgleda / je zgodan*.	Er ist *attraktiv / gut aussehend / hübsch*.
On / Ona je u svojim dvadesetima.	*Er / Sie* ist in den Zwanzigern.
On / Ona ima preko trideset.	*Er / Sie* ist über 30.
On / Ona je negdje u tridesetima.	*Er / Sie* ist irgendwo in den Dreißigern.
Niti on više nije tako mlad.	Er ist auch nicht mehr ganz jung.
Niti ona više nije tako mlada.	Sie ist auch nicht mehr ganz jung.
On / Ona ima ...	*Er / Sie* hat ...
... plave oči.	... blaue Augen.
... zelene oči.	... grüne Augen.
... smeđe oči.	... braune Augen.
On ima *tamnu / smeđu / sijedu / crvenu* kosu.	Er hat *dunkle / braune / graue / rote* Haare.

Ona je *plava / brineta*.	Sie ist *blond / brünett*.	*Plava kosa* bedeutet wortwörtlich „blaues Haar", sinngemäß wird es aber als blondes Haar übersetzt.
Ona ima *dugu / kratku / poludugu / ravnu / kovrčavu* kosu.	Sie hat *lange / kurze / halblange / glatte / lockige* Haare.	
On ima *brkove / bradu*.	Er hat einen *Schnurrbart / Bart*.	
Ona nosi rep.	Sie trägt einen Pferdeschwanz.	
On nosi naočale.	Er trägt eine Brille.	*Naočale* stehen immer im Plural: *To su moje naočale.* (Das ist meine Brille.) und nicht ~~*To je moje naočale.*~~
Ona je uvijek *dobro / elegantno* obučena.	Sie ist immer *gut / schick* angezogen.	
Njemu je prilično svejedno kako izgleda.	Ihm ist sein Aussehen ziemlich egal.	
Oni su uvijek prilično ležerno odjeveni.	Sie sind immer ziemlich leger gekleidet.	
On ne brine o sebi.	Er ist ein wenig ungepflegt.	
On je stvarno drag.	Er ist ein richtig netter Kerl.	
Ona je jako ugodna osoba.	Sie ist eine sehr angenehme Person.	
On je malo sramežljiv.	Er ist etwas schüchtern.	
Ona je jako druželjubiva.	Sie ist sehr kontaktfreudig.	
On poznaje sve i svakog.	Er kennt Gott und die Welt.	
Ona je uvijek u super formi.	Sie ist immer in Topform.	

Gut zu wissen!
Hier lauern Fettnäpfchen bei Personenbeschreibungen:
Velik bedeutet „stämmig" und sollte besser vermieden werden.
Mršav (dünn) und *debeo* (dick) sind ebenso keine empfehlenswerten Ausdrücke. Für füllige Personen kann man *jak* verwenden: *jači čovjek* (ein kräftig gebauter Mensch).
Mit *malo* (ein bisschen) kann man eine Aussage schön abschwächen und weniger grob erscheinen lassen.

E

Einladungen und Verabredungen

17 Pozivnice
Einladungen

Wie beim Perfekt (vgl. Seite 8), so wird auch beim Konditional nur die männliche Pluralform angegeben. Bei rein weiblichen Gruppen erhält das Partizip die Endung *-le* (z. B. *mogle*).

Aufpassen: Singular *čovjek* (Mensch), Plural *ljudi* (Menschen, Leute).

Imate li večeras vremena?	Haben Sie heute Abend Zeit?
Imaš li *sutra / ovaj vikend* već nešto u planu?	Hast du *morgen / am Wochenende* schon etwas vor?
Sljedeći tjedan sam u gradu i ♂ htio / ♀ htjela sam pitati ako se možemo naći.	Ich bin nächste Woche in der Stadt und wollte fragen, ob wir uns treffen könnten.
Mogli bismo zajedno večerati.	Wir könnten abends mal zusammen essen.
Biste li išli nešto popiti?	Möchten Sie etwas trinken gehen?
Htjeli bismo roštiljati.	Wir wollen grillen.
Želiš li ići s nama?	Willst du mit uns mitkommen?
Pozvali smo par ljudi na piće.	Wir haben ein paar Leute auf einen Drink eingeladen.
Imamo tulum.	Wir feiern eine Party.
Kojim povodom?	Was ist der Anlass?
Ništa posebno.	Nichts Besonderes.
Slavim rođendan.	Ich feiere meinen Geburtstag.
Srdačno ste pozvani.	Sie sind herzlich willkommen.
Možeš bilo kada svratiti.	Du kannst jederzeit vorbeischauen.
Bilo bi super kada bi ♂ mogao / ♀ mogla doći.	Es wäre toll, wenn du kommen könntest.

Bilo bi nam drago kada biste mogli doći.	Es würde uns sehr freuen, wenn Sie kommen könnten.
To je jako ljubazno od Vas.	Das ist sehr nett von Ihnen.
Jako rado.	Sehr gerne.
Kakva lijepa ideja.	Was für eine nette Idee.
To bi bilo *jako lijepo / divno / super*.	Das wäre *sehr schön / toll / super*.
Puno hvala, ali …	Vielen Dank, aber …
Nažalost, nemam vremena.	Ich habe leider keine Zeit.
Moram *pogledati u svoj kalendar / pitati svoju ženu*.	Ich muss mal *in meinem Kalender nachsehen / bei meiner Frau nachfragen*.
Mislim da imamo već nešto u planu.	Ich glaube, wir haben da schon etwas vor.
Već imam *drugu obavezu / dogovor*.	Ich habe bereits eine andere *Verpflichtung / Verabredung*.
Šteta.	Schade.
Što mislite / Što misliš, da odgodimo za nedjelju?	Was *halten Sie / hältst du* stattdessen von Sonntag?
Možda neki drugi put.	Vielleicht ein anderes Mal.
Nema problema.	Kein Problem.

Žena verwendet man umgangssprachlich für „Ehefrau", offiziell sagt man *supruga*.

> **Gut zu wissen!**
> Wird man in Kroatien zum Abendessen eingeladen, erscheint man mit einem kleinen Präsent oder einem Blumenstrauß für die Dame.
> Schenken Sie aber auf keinen Fall Chrysanthemen (in Kroatien häufig als Grabschmuck verwendet) oder Rosen in gerader Anzahl (eine durch drei teilbare Zahl ist aber in Ordnung). Und auch die Farbe der Rosen sollten Sie bedenken: Rot bedeutet Liebe, Gelb bedeutet Neid oder Eifersucht.

E

Einladungen und Verabredungen

18 Kada i gdje?
Wann und wo?

Aufpassen:
- *u jedan sat* (um ein Uhr)
- *u dva / tri / četiri sata* (um zwei / drei / vier Uhr)
- *u pet / šest / sedam / osam / devet / deset / jedanaest / dvanaest sati* (um fünf / sechs / sieben / acht / neun / zehn / elf / zwölf Uhr)

Koji dan?	An welchem Tag?
U koliko (sati)?	Um wie viel Uhr?
Kada bi Vam najbolje odgovaralo?	Wann würde es Ihnen am besten passen?
U koliko (sati) Vam odgovara?	Um wie viel Uhr passt es Ihnen?
Može u osam (sati)?	Ginge es um acht Uhr?
Osam (sati) ujutro ili osam (sati) navečer?	Acht Uhr morgens oder acht Uhr abends?
U tri popodne.	Um drei Uhr nachmittags.
(U) petnaest (sati).	(Um) 15 Uhr.
U pola osam.	Um halb acht.
U devetnaest i trideset.	Um 19 Uhr 30.
Oko osam (sati).	So gegen acht (Uhr).
Malo *prije / poslije* osam.	Kurz *vor / nach* acht.
Što *mislite / misliš* o tome?	Was *halten Sie / hältst du* davon?
Svejedno *koje vrijeme / koji dan / koju večer*.	Ganz gleich *welche Zeit / welcher Tag / welcher Abend*.
Ja sam ⓜ fleksibilan / ⓕ fleksibilna.	Ich bin flexibel.
Izaberite / Odlučite Vi.	*Wählen / Entscheiden* Sie.
Meni je *isto / svejedno*.	Mir ist es *gleich / egal*.
Kada god Vama odgovara.	Wann immer es Ihnen passt.
Kako želiš.	Wie du willst.

Žao mi je, ali tada neću stići.	Tut mir leid, aber das schaffe ich leider nicht.	Viertelstunde = *petnaest minuta* Es gibt daneben noch die dialektalen Ausdrücke *kvarat* und *četvrt*.
Može li petnaest minuta *ranije / kasnije*?	Ginge es eine Viertelstunde *früher / später*?	
Može li u sedam i petnaest umjesto u sedam?	Ginge sieben Uhr fünfzehn statt sieben Uhr?	
To će biti malo na knap.	Das wird ein bisschen knapp.	*Biti na knap* ist eine oft verwendete umgangssprachliche Wendung.
Meni bi bilo draže malo kasnije.	Mir wäre es etwas später lieber.	
Gdje predlažete da se nađemo?	Wo schlagen Sie vor, dass wir uns treffen?	
Dobro, onda u nedjelju u osam i petnaest ispred kolodvora.	Gut, dann also am Sonntag um acht Uhr fünfzehn vor dem Bahnhof.	
Samo da kratko potvrdim, u devetnaest sati kod Vašeg hotela.	Um das kurz zu bestätigen, um neunzehn Uhr bei Ihrem Hotel.	
Ako bude bilo ikakvih problema …	Wenn es irgendwelche Probleme gibt …	
Poslat ću poruku.	Ich *simse / schicke eine SMS*.	
Slobodno nazovite.	Rufen Sie einfach an.	
Kratko zazvoni.	Klingle kurz durch.	
Dajte mi za svaki slučaj Vaš broj.	Geben Sie mir für alle Fälle Ihre Nummer.	
Dobro.	Gut.	
To zvuči jako dobro.	Das klingt sehr gut.	
Super, radujem se.	Super, ich freue mich darauf.	

> **Gut zu wissen!**
> Sich zu verspäten gehört in Kroatien zum guten Ton.
> 15 bis 20 Minuten sind in Ordnung, man sollte aber nicht übertreiben.
> Bei Arbeitsessen wird es mit der Pünktlichkeit übrigens genauer genommen.

E

Einladungen und Verabredungen

19 Biti gost
Zu Gast sein

Bok, lijepo je vidjeti *Vas / vas*.	Hallo, schön *Sie / euch* zu sehen.
Izvolite / Izvoli ući.	*Kommen Sie / Komm* doch herein.
Oprostite što malo kasnimo.	Es tut mir leid, dass wir etwas spät dran sind.
Bilo je problema s busom.	Es gab ein Problem mit dem Bus.
Morali smo dvadeset minuta čekati na *bus / vlak*.	Wir mussten zwanzig Minuten auf den *Bus / Zug* warten.
Parkirali smo pred kućom Vaših susjeda. Nadam se da je to u redu.	Wir haben vor dem Haus Ihrer Nachbarn geparkt. Ich hoffe, das ist in Ordnung.
Mogu li uzeti Vaš kaput?	Darf ich Ihnen den Mantel abnehmen?
Slobodno ostavi svoje stvari na stolici.	Lass deine Sachen einfach auf dem Stuhl.
Kupaonica / WC je inače …	*Das Bad / Die Toilette* ist übrigens …
… ovdje *lijevo / desno*.	… hier *links / rechts*.
… po stepenicama gore *lijevo / desno*.	… die Treppe hoch und *links / rechts*.
Ako se želite kratko osvježiti …	Falls Sie sich kurz frisch machen wollen …

In Kroatien gibt es keine U-Bahn *(podzemna željeznica)*. Wenn man über die öffentlichen Verkehrsmittel in Deutschland spricht, ist es nicht unüblich *U-Bahn* zu sagen.

Stolac und *stolica* sind Synonyme (beide: „Stuhl"), aber *stolac* ist männlich und *stolica* weiblich. Daher werden sie anders dekliniert: *Ostavi svoje stvari na stolcu / na stolici.*

Donijeli smo Vam sitnicu.	Wir haben Ihnen eine Kleinigkeit mitgebracht.
Donijeli smo bocu vina.	Wir haben eine Flasche Wein mitgebracht.
Puno hvala, to stvarno nije bilo potrebno.	Danke sehr, das wäre aber wirklich nicht nötig gewesen.
Dođite / Dođi sa mnom.	*Folgen Sie / Folgt* mir.
Samo idite za glazbom.	Einfach der Musik nach.
Slobodno sjednite.	Setzen Sie sich einfach.
Nađi si slobodno mjesto.	Such dir einfach ein Plätzchen.
Osjećajte se kao kod kuće.	Fühlt euch wie zu Hause.
Što želiš popiti?	Was möchtest du trinken?
Uzmite si slobodno nešto za pojesti i popiti.	Nehmen Sie sich einfach etwas zu essen und zu trinken.
Zgrabi si nešto za popiti.	Schnapp dir was zu trinken.
Mogu li Vam *ponuditi / donijeti* nešto za popiti?	Kann ich Ihnen etwas zu trinken *anbieten / holen*?
Ja bih čašu crnog vina, molim.	Ich nehme bitte ein Glas Rotwein.
Radije ne jer vozim.	Lieber nicht, ich fahre.
Nešto bezalkoholno, molim.	Etwas ohne Alkohol, bitte.

Vorsicht! Im Kroatischen ist „sich setzen" nicht reflexiv: *Sjedni!* (Setz dich!)

> **Gut zu wissen!**
> Als Gastgeschenke eignen sich Süßigkeiten (z. B. aus einer Konditorei) oder eine gute Flasche kroatischen Weins. Wundern Sie sich nicht, wenn Geschenke sofort aufgemacht werden. Das gilt in Kroatien als höfliche Geste des Interesses und Sie sollten das Gleiche tun, wenn Sie ein Geschenk erhalten.

E

Einladungen und Verabredungen

20 Pozdrav na rastanku
Der passende Abschied

Ajme, zar je već tako kasno?	O je, ist es schon so spät?
Totalno sam (m) zaboravio / (f) zaboravila na vrijeme.	Ich habe die Zeit völlig aus den Augen verloren.
Nemoguće da je već tako kasno!	Es kann doch nicht schon so spät sein?
Morate me ispričati, ali …	Sie müssen mich entschuldigen, aber …
Vrijeme je da …	Es wird Zeit, dass ich …
… krenem na put.	… mich auf den Weg mache.
… krenem.	… mich aufmache.
Sada stvarno moram ići.	Ich muss jetzt wirklich gehen.
Sutra moram rano iz kuće.	Morgen muss ich früh aus dem Haus.
Put je dug.	Der Weg ist weit.
Moram natrag jer …	Ich muss zurück, weil …
Tihomiru nije dobro.	Tihomir geht es nicht gut.
Mogu li povesti (još) nekoga?	Kann ich (noch) jemanden mitnehmen?
Već ćemo naći izlaz.	Wir finden schon raus.
To je zbilja šteta.	Das ist aber schade.
Zar stvarno već morate ići?	Müssen Sie wirklich schon gehen?
Drago mi je da ste mogli doći.	Ich freue mich sehr, dass Sie kommen konnten.

dug = dugačak

Ich freue mich sehr, dass … = *Drago mi je da …* und nicht ~~*Radujem se da…*~~

Moraš uskoro ponovno doći.	Du musst bald wieder kommen.	
Bilo je lijepo što si ♂ došao / ♀ došla.	Es war schön, dass du da warst.	
To moramo uskoro ponoviti.	Das müssen wir bald wieder machen.	
Mogu li Vas još nagovoriti na zadnju čašu vina?	Kann ich Sie noch zu einem letzten Glas Wein überreden?	
Još zadnji gutljaj?	Noch ein letztes Schlückchen?	
Jesi li za jednu putnu prije nego odeš?	Wie wäre es mit einem Absacker, bevor du gehst?	Ein typischer Absacker ist *pelinkovac*, ein kroatischer Kräuterlikör, oder selbstgebrannter Schnaps.
Ne, hvala, bojim se da sam već dovoljno ⓜ popio / ⓕ popila.	Nein danke, ich fürchte, ich habe schon genug getrunken.	
Kada me već tako pitate, kako mogu reći ne?	Wenn Sie mich so fragen, wie kann ich da nein sagen?	
Odlično smo se zabavili.	Wir haben uns prächtig amüsiert.	
Bilo je jednostavno super.	Es war einfach super.	
Hvala na predivnoj večeri. Bilo je super.	Danke für diesen wunderbaren Abend. Es war toll.	
Jelo je bilo *odlično / jako ukusno*.	Das Essen war *fantastisch / köstlich*.	
Sljedeći put ćete Vi doći k nama.	Das nächste Mal kommen Sie zu uns.	
Sljedeći put kod nas, ok?	Das nächste Mal bei uns, o.k.?	

Gut zu wissen!
Das Abschiednehmen ist ein spielerisches Ritual, das man als Gast oder Gastgeber so lange ausdehnen kann, wie man will. Kurz und schmerzlos ist aber auch in Ordnung.

F

Gute und schlechte Nachrichten

21 Dobre vijesti i čestitke
Gute Nachrichten und Glückwünsche

Imam *dobre vijesti / dobru vijest*.	Ich habe *gute Nachrichten / eine gute Nachricht*.
Moram ti nešto reći.	Ich muss dir was sagen.
Nećeš nikad pogoditi što se dogodilo.	Du errätst nie, was passiert ist.
Nešto *super / izvrsno* se upravo dogodilo.	Etwas *Tolles / Fantastisches* ist gerade passiert.
Stvarno sam ⓜ imao / ⓕ imala sreće.	Ich hatte wirklich Glück.
Jedva čekam da ti ispričam.	Ich kann kaum erwarten, es dir zu erzählen.
Ponudili su mi radno mjesto.	Man hat mir eine Stelle angeboten.
ⓜ Promaknut / ⓕ Promaknuta sam.	Ich bin befördert worden.
ⓜ Dobio / ⓕ Dobila sam *povišicu / premiju*.	Ich habe eine *Gehaltserhöhung / Prämie* bekommen.
ⓜ Položio / ⓕ Položila sam ispit.	Ich habe meine Prüfung bestanden.
ⓜ Upoznao / ⓕ Upoznala sam nekoga.	Ich habe jemanden kennengelernt.
Ivan i ja ćemo stanovati zajedno.	Ivan und ich werden zusammenziehen.
Zaručili smo se.	Wir haben uns verlobt.
Vjenčat ćemo se.	Wir werden heiraten.
Čekamo dijete.	Wir erwarten ein Kind.

Vorsicht: Im Kroatischen gibt es zwei Begriffe für „heiraten". Unterschieden wird dabei, ob eine Frau oder ein Mann heiratet: *Ja se* ⓜ *ženim /* ⓕ *udajem.* (Ich heirate.)

Ne mogu ti reći koliko sam ⓜ sretan / ⓕ sretna.	Ich kann dir gar nicht sagen, wie glücklich ich bin.
Moj san se napokon ostvario.	Mein Traum ist endlich wahr geworden.
Srdačne čestitke!	Herzlichen Glückwunsch!
Dobro si to ♂ napravio / ♀ napravila!	Das hast du gut gemacht!
Tako sam ⓜ sretan / ⓕ sretna zbog tebe.	Ich freue mich so für dich.
To je *odlična / fantastična* vijest.	Das ist ja eine *großartige / fantastische* Nachricht.
Znam koliko ti to znači.	Ich weiß, wie viel dir das bedeutet.
Sretno!	Viel Glück!
Želim Vam puno uspjeha.	Ich wünsche Ihnen viel Erfolg.
Sretan rođendan!	Herzlichen Glückwunsch zum Geburtstag!
Sve najbolje povodom vjenčanja!	Zur Hochzeit alles Gute!
Sretan Božić!	Frohe Weihnachten!
Sretnu i uspješnu novu godinu!	Ein gutes und erfolgreiches neues Jahr!
Sretan Uskrs!	Frohe Ostern!

Ein sehr gängiger Ausdruck zu Weihnachten: *Blagoslovljen Božić!* (Gesegnete Weihnachten).

> **Gut zu wissen!**
> Bei schriftlichen Neujahrsgrüßen muss man aufpassen. Schreibt man *Sretnu **N**ovu godinu,* dann wünscht man nur einen glücklichen ersten Januar. Dagegen bedeutet *Sretnu **n**ovu godinu* „ein gutes neues Jahr".

F
Gute und schlechte Nachrichten

22 Loše vijesti i iskazivanje sućuti
Schlechte Nachrichten und Anteilnahme

Nažalost imam *loše / tužne* vijesti.	Ich habe leider *schlechte / traurige* Nachrichten.
Nešto strašno se dogodilo.	Etwas Schreckliches ist passiert.
Ovo što ću Vam reći će …	Das, was ich Ihnen sagen werde, wird …
… Vas šokirati.	… ein Schock für Sie sein.
… Vas *razljutiti / razočarati*.	… Sie *verärgern / enttäuschen*.
Ne znam kako da Vam kažem, ali …	Ich weiß kaum, wie ich es Ihnen sagen soll, aber …
Neće Vam se svidjeti, ali …	Es wird Ihnen nicht gefallen, aber …
Stvarno imamo velik problem.	Wir haben echt Ärger am Hals.
Ana je imala nesreću.	Ana hatte einen Unfall.
Alen leži u bolnici.	Alen liegt im Krankenhaus.
Filip ima rak.	Filip hat Krebs.
Matija je *mrtav / preminuo*.	Matija ist *tot / verstorben*.
Odjednom je umro od posljedica srčanog infarkta.	Er ist plötzlich an einem Herzinfarkt gestorben.
Ana je bila napadnuta.	Ana ist überfallen worden.
Ivo je izgubio posao.	Ivo hat seinen Job verloren.
(m) Dobio / (f) Dobila sam otkaz.	Ich bin entlassen worden.
(O) ne!	(O) Nein!
Jako mi je žao.	Es tut mir so leid.

Vorsicht:
imati problem =
Ärger haben
ljutiti se =
sich ärgern

To je stvarno *strašno / grozno*.	Das ist ja wirklich *schrecklich / fürchterlich*.	Weitere Synonyme für „schrecklich" und „fürchterlich" sind *užasno* und *stravično*.
To je sigurno za tebe pakao.	Das muss für dich ja die Hölle sein.	
Ovo je sigurno jako teško razdoblje za Vas.	Das muss eine sehr schwere Zeit für Sie sein.	
Mogu li nešto učiniti za tebe?	Gibt es irgendetwas, was ich für dich tun kann?	
Mislim na tebe u ovim teškim vremenima.	Ich denke an dich in diesen schwierigen Zeiten.	
Šaljemo vam srdačne pozdrave.	Wir senden euch ganz liebe Grüße.	
Ne brini.	Mach dir keine Sorgen.	
Moglo je biti i gore.	Es hätte schlimmer kommen können.	
Ne daj se.	Lass dich davon nicht unterkriegen.	
Želim ti brz oporavak.	Ich wünsche dir gute Besserung!	Eine gängige Art „gute Besserung" zu wünschen ist: *Brzo ozdravi.* (Werde bald gesund.)
Prenesi Stjepanu moje želje za brzim oporavkom.	Bestell Stjepan von mir die besten Wünsche für eine schnelle Genesung.	
Moje (iskreno) saučešće.	Mein (aufrichtiges) Beileid.	
Želim izraziti svoje (iskreno) saučešće.	Ich möchte mein (aufrichtiges) Beileid ausdrücken.	

Gut zu wissen!
Schon die kleinste schlechte Nachricht kann einen Kroaten zum Weinen bringen. Kroaten sind sehr sensibel und zeigen das oft und gern. Keine Gefühle oder Anteilnahme zu zeigen, wird nicht gern gesehen.

F

Gute und schlechte Nachrichten

23 Zabavne anegdote i vicevi
Lustige Anekdoten und Witze

Jesam li ti ikad ⓜ ispričao / ⓕ ispričala što mi se dogodilo u Splitu?	Habe ich dir jemals erzählt, was mir in Split passiert ist?
Dogodilo mi se nešto totalno ludo.	Mir ist etwas ganz Verrücktes passiert.
To me podsjeća na nešto što mi se jednom dogodilo.	Das erinnert mich an etwas, das mir mal passiert ist.
Nećeš to nikad povjerovati.	Das glaubst du nie.
Čekaj dok čuješ što se dalje dogodilo.	Warte, bis du hörst, was als Nächstes passiert ist.
Kunem se, istina je.	Ich schwöre, es ist wahr.
Najprije / Na početku / Ispočetka ...	*Zuerst / Am Anfang / Zu Beginn ...*
Poslije ...	Danach ...
Onda ...	Dann ...
U svakom slučaju ...	Jedenfalls ...
Na koncu ...	Schließlich ...
I to je onda bio kraj.	Und das war dann das Ende.
I to je bilo to.	Und das war's dann.
Jednostavno nisam ⓜ mogao / ⓕ mogla vjerovati.	Ich konnte es einfach nicht glauben.
Bila je to nevjerojatna slučajnost.	Es war ein unglaublicher Zufall.
ⓜ Bio sam tako iznenađen. / ⓕ Bila sam tako iznenađena.	Ich war so überrascht.
Nisam ⓜ znao / ⓕ znala što da kažem.	Ich wusste nicht, was ich sagen sollte.

Podsjećaš me na nekoga. = Du erinnerst mich an jemanden.
Sjećam te se. = Ich erinnere mich an dich.

ⓜ Bio sam totalno zabezeknut. / ⓕ Bila sam totalno zabezeknuta.	Ich war völlig baff.
Bilo je za *vrištati* / *urlati*.	Es war zum *Schreien* / *Brüllen*.
Bilo je za umrijeti od smijeha.	Es war echt zum Totlachen.
Dobili smo napad smijeha.	Wir bekamen einen Lachanfall.
ⓜ Morao / ⓕ Morala sam plakati od smijeha.	Ich musste vor Lachen weinen.
Bilo je tako smiješno.	Es war so lustig.
Znaš li vic o …?	Kennst du den Witz über …?
Kladim se da ovaj još nisi ♂ čuo / ♀ čula.	Ich wette, du hast diesen noch nicht gehört.
Znači ovako: …	Nun, er geht so: …
Jesi li ga ♂ razumio / ♀ razumjela?	Hast du ihn verstanden?
Ponekad kasno palim.	Manchmal bin ich im Kopf etwas langsam.
Ah, sada sam ⓜ razumio / ⓕ razumjela.	Ach, jetzt hab ich's verstanden.
Zar je to stvarno rekao? Ne vjerujem ti.	Hat er das wirklich gesagt? Ich glaube dir nicht.
Zezaš me.	Du nimmst mich auf den Arm.
Taj je stvarno dobar.	Der ist echt gut.
Taj moram zapamtiti.	Den muss ich mir merken.
Loše pamtim viceve.	Ich kann mir Witze ganz schlecht merken.

Umgangssprachlich wird auch oft *Kužiš?* (Hast du verstanden?) verwendet.

Gut zu wissen!
In Kroatien gilt: Je derber desto besser. Wenn man einmal mit dem Witzeerzählen angefangen hat, wird es auch schnell mal sexistisch und diskriminierend. Dabei machen Kroaten aber auch sehr viele Witze auf eigene Kosten.

F

Gute und schlechte Nachrichten

24 Loša iskustva
Schlechte Erfahrungen

To je bio jedan od onih dana kada sve krene po zlu.	Das war so ein Tag, an dem einfach alles schiefgeht.
Još nikad nisam tako *strašno / grozno* ⓜ putovao / ⓕ putovala.	Ich hatte noch nie so eine *schreckliche / furchtbare* Reise.
Stvarno nismo imali sreće.	Wir hatten wirklich kein Glück.
Sve je krivo krenulo.	Alles ging schief.
To je bila katastrofa od početka do kraja.	Es war eine Katastrophe von Anfang bis Ende.
Zaustavili su nas.	Wir wurden aufgehalten.
Let je bio otkazan.	Der Flug wurde annulliert.
Propustili smo let u nastavku putovanja.	Wir haben unseren Anschlussflug verpasst.
Vrijeme je bilo grozno.	Das Wetter war grauenhaft.
Izgubili smo se.	Wir haben uns verirrt.
Zalutali smo.	Wir haben uns verfahren.
Nestalo je struje.	Es gab einen Stromausfall.
Internet nije radio.	Das Internet fiel aus.
Štrajkalo se.	Es wurde gestreikt.
ⓜ Izgubio / ⓕ Izgubila sam *novčanik / ključeve*.	Ich habe *meinen Geldbeutel / meine Schlüssel* verloren.
Auto nam se pokvario.	Wir hatten eine Panne.
Stajali smo u gužvi.	Wir hingen im Stau fest.
Vlak je kasnio pedeset minuta.	Der Zug hatte fünfzig Minuten Verspätung.

Auch „Brieftasche" wird mit *novčanik* übersetzt.

Nitko nije došao po nas.	Es war keiner da, um uns abzuholen.
(m) Osjećao / (f) Osjećala sam se tako glupo.	Ich kam mir so blöd vor.
Ja sam (m) bio kriv / (f) bila kriva.	Ich war schuld.
Ja uopće nisam (m) bio kriv / (f) bila kriva.	Ich war überhaupt nicht schuld.
Sve sam (m) pokušao / (f) pokušala, ali bilo je uzalud.	Ich habe alles versucht, aber es war umsonst.
Bio je to veliki fijasko.	Es war ein einziges Fiasko.
Uopće nam nisu pomogli.	Sie haben uns überhaupt nicht geholfen.
Bilo im je svejedno.	Es war ihnen schnurzegal.
Bili smo …	Wir waren …
… tako ljuti.	… so verärgert.
… tako bijesni.	… so sauer.
… iscrpljeni.	… erschöpft.
… mrtvi umorni.	… todmüde.
Bili smo tako sretni da je napokon završilo.	Wir waren so froh, dass es endlich vorbei war.
Bila je to jedna od najgorih stvari koje sam ikad (m) doživio / (f) doživjela.	Es war mit das Schlimmste, was ich je erlebt habe.

Umgangssprachlich auch häufig: *Nije ih bilo briga.* (Es war ihnen schnurzegal.)

Gut zu wissen!
Die Kroaten hören gern Geschichten über Misslungenes und beschweren sich mit Vergnügen über Dinge wie öffentliche Verkehrsmittel, Vorgesetze und vor allem über Politiker. Nicht erschrecken: Auch bei persönlichen Angelegenheiten (wie z. B. Krankheit, Beziehungskrisen usw.) sind sie nicht zurückhaltend.

G

Gefühle und Emotionen

25 Iskazivanje interesa i ravnodušnosti
Interesse und Desinteresse bekunden

„Lieben" und „mögen" wird beides mit *voljeti* übersetzt:
Ja volim čokoladu. (Ich mag / liebe Schokolade.)

Volim planine.	Ich liebe die Berge.
Rado planinarim.	Ich wandere gern.
Volim sladoled.	Ich liebe Eis(creme).
Čokoladi jednostavno ne mogu odoljeti.	Schokolade kann ich einfach nicht widerstehen.
Zanima me povijest.	Ich interessiere mich für Geschichte.
Volim životinje.	Ich mag Tiere.
Marko je obožavatelj kazališta.	Marko ist Theaterfan.
Voliš li nogomet?	Magst du Fußball?

„Fan" auf Kroatisch: im Sport = *navijač*, in Kunst und Kultur = *obožavatelj*.

Veliki sam obožavatelj francuskih filmova.	Ich bin ein großer Fan französischer Filme.
Saša je oduševljen golfom.	Saša begeistert sich für Golf.
Davor je kompjuterski frik.	Davor ist ein Computerfreak.
(m) Lud / (f) Luda sam za francuskom kuhinjom.	Ich bin verrückt nach französischer Küche.

„Mögen" im Sinne von „gefallen" ist *sviđati se*:
sviđa mi se = mir gefällt
sviđaju mi se = mir gefallen
Meni ist im Beispielsatz die betonte Form des Pronomens *mi* (Dativ).

Meni se sviđa Julija.	Mir gefällt Julija.
Sport me ne zanima.	Sport interessiert mich nicht.
Ne volim talk show.	Ich mag keine Talkshows.
Mrzim elektro glazbu.	Ich hasse Elektro-Musik.
Ne podnosim neodlučne ljude.	Ich kann Leute, die sich nicht entscheiden können, nicht ausstehen.

Vrtlarenje jednostavno nije za mene.	Gartenarbeit ist einfach nicht mein Ding.
Ne smatram ovog autora nečim posebnim.	Ich halte nicht viel von diesem Autor.
Za takve ljude mi je moje vrijeme predragocjeno.	Für solche Leute ist mir meine Zeit zu schade.
Rea ne podnosi kritiku baš najbolje.	Rea kann Kritik schlecht annehmen.
Tomislav jednostavno nije moj tip.	Tomislav ist einfach nicht mein Typ.
Ne smeta mi.	Es macht mir nichts aus.
Meni je svejedno.	Mir ist es gleich.
To nije tako važno.	Das ist nicht so wichtig.
Nemam ništa protiv.	Ich habe nichts dagegen.
Kako vama odgovara.	Ich richte mich ganz nach euch.
To nije moj problem.	Das ist nicht mein Problem.
To je tvoj problem.	Das ist dein Problem.
Koga to zanima?	Wen interessiert's?
I?	Na und?
Radi što hoćeš.	Mach, was du willst.
Jebe mi se.	Es ist mir scheißegal.	Vorsicht! Sehr vulgär!

> **Gut zu wissen!**
> Zu einer lebhaften Kommunikation gehört auch die Fähigkeit, zu differenzieren. Gerade bei Vorlieben und Abneigungen gibt es viele Möglichkeiten, die eigene Haltung oder Einstellung facettenreich kundzutun. Die Skala der Vorlieben kann von *sviđati se* (gefallen), über *voljeti* (lieben) bis hin zu *obožavati* (anbeten) reichen; und die Abneigungen von *mrziti* (hassen), *ne podnositi* (nicht ertragen) bis hin zu *prezirati* (verabscheuen).

G

Gefühle und Emotionen

26 Nada, radost i sreća
Hoffnung, Freude und Glück

Fige ist hier bildlich gemeint und wird im Kroatischen nur in diesem Ausdruck verwendet. Der Daumen ist sonst *palac*.

Nadam se da će sve dobro proći.	Ich hoffe, dass alles gut geht.
Nadam se da ću sutra vidjeti Josipa.	Ich hoffe, dass ich Josip morgen sehe.
Držim ti fige.	Ich drück(e) dir die Daumen.
Nadajmo se najboljem.	Hoffen wir das Beste.
Mirjana se nada da će uskoro naći posao.	Mirjana hat große Hoffnung, bald eine Arbeit zu finden.
Prilično sam ⓜ optimističan / ⓕ optimistična kada je riječ o budućnosti.	Ich blicke ziemlich optimistisch in die Zukunft.
Još se uvijek nadam da ću naći stan koji si mogu priuštiti.	Ich habe die Hoffnung noch nicht aufgegeben, eine bezahlbare Wohnung zu finden.
Svi smo prilično uvjereni u uspjeh.	Wir sind alle ziemlich zuversichtlich.
To će mnogima dati nadu.	Das wird vielen Menschen Hoffnung geben.
Postoji svjetlo na kraju tunela.	Es gibt Licht am Ende des Tunnels.
Postoji zrno nade.	Es gibt einen Hoffnungsschimmer.
Hoće li Igor biti na zabavi? – *Nadam se. / Nadam se da neće.*	Wird Igor auf der Party sein? – *Ich hoffe es. / Ich hoffe nicht.*
Ako sve bude išlo po planu, do vikenda je sve gotovo.	Wenn alles nach Plan läuft, ist bis zum Wochenende alles fertig.

Ta vijest je *obećavajuća / ohrabrujuća*.	Diese Nachricht ist *vielversprechend / ermutigend*.	
Tako sam (m) sretan / (f) sretna.	Ich bin so glücklich.	
Veseli me što je sve dobro prošlo.	Ich bin so froh, dass alles gut gegangen ist.	*Veseli me …* oder *Mene veseli …* Beides ist möglich.
Tako sam (m) sretan / (f) sretna da si opet dobro.	Ich bin so froh, dass es dir wieder gut geht.	
Renata je bila prilično dobro raspoložena.	Renata war in ziemlich guter Stimmung.	
Laura je bila presretna.	Laura war überglücklich.	
Kada se dijete rodilo, svi smo bili presretni.	Als das Baby geboren wurde, waren wir überglücklich.	
Svi su bili dobro raspoloženi.	Alle waren gut gelaunt.	
Kada je saznala rezultate ispita, bila je van sebe.	Als sie ihre Prüfungsergebnisse erfahren hat, war sie ganz aus dem Häuschen.	
Strašno smo se radovali.	Wir haben uns riesig gefreut.	
Ti si mi spasio dan.	Du hast mir den Tag gerettet.	
To mi je spasilo dan.	Das hat mir den Tag gerettet.	
♂ Razveselio / ♀ Razveselila si me.	Du hast mich aufgeheitert.	
Sve je dobro što se dobro svrši.	Ende gut, alles gut.	

> **Gut zu wissen!**
> Ausdrücke der Hoffnung und Freude können Sie folgendermaßen in die Satzstruktur integrieren:
> • *Nadam se da …* (Ich hoffe, dass …):
> *Nadam se da ćemo se ponovno vidjeti.* (Ich hoffe, dass wir uns wiedersehen.)
> • *Radujem se …* (Ich freue mich, dass / auf …):
> *Radujem se što si ovdje.* (Ich freue mich, dass du hier bist.)
> *Radujem se tvom kolaču!* (Ich freue mich auf deinen Kuchen!)

G

Gefühle und Emotionen

27 Razočaranje i tuga
Enttäuschung und Traurigkeit

ⓜ Bio sam razočaran / ⓕ Bila sam razočarana rezultatom.	Ich war von den Ergebnissen enttäuscht.
Razočarali ste me. ⓜ Očekivao / ⓕ Očekivala sam više.	Sie haben mich enttäuscht. Ich hatte mehr erwartet.
Bili smo tako razočarani.	Wir waren so enttäuscht.
Bilo je to veliko razočaranje.	Es war eine herbe Enttäuschung.
Moji kolege mi nisu pomogle i ⓜ osjećao / ⓕ osjećala sam se iznevjereno.	Meine Kollegen haben mir nicht geholfen und ich fühlte mich im Stich gelassen.
Na svoje veliko razočaranje, nisam ⓜ dobio / ⓕ dobila ni poziv na razgovor za posao.	Zu meiner großen Enttäuschung bekam ich noch nicht einmal ein Vorstellungsgespräch.
Cijeli je vikend iznevjerio naša očekivanja.	Das ganze Wochenende hat unsere Erwartungen enttäuscht.
Bilo je to totalno razočaranje.	Es war ein totaler Reinfall.
Daleko je od očekivanog.	Es bleibt weit hinter den Erwartungen zurück.
Zabava je bila razočaravajuća.	Die Party war ein Reinfall.
Osjećam se tako …	Ich fühle mich so …
… tužno.	… traurig.
… nesretno.	… unglücklich.
… jadno.	… elend.

Die Konstruktion mit *Ja sam …* („Ich bin …") erfordert im Gegensatz zu „Ich fühle mich …" die Angleichung des Adjektivs:
Ja sam ⓜ *tužan /* ⓕ *tužna.* (Ich bin traurig.)
Ja sam ⓜ *nesretan /* ⓕ *nesretna.* (Ich bin unglücklich.)

Teškog srca sam (m) otišao / (f) otišla.	Ich bin schweren Herzens gegangen.
Svi smo bili zapanjeni.	Wir waren alle bestürzt.
Izgledaš prilično potreseno.	Du siehst ziemlich mitgenommen aus.
(m) Bio sam dotučen. / (f) Bila sam dotučena.	Ich war so niedergeschlagen.
(m) Bio sam snužden. / (f) Bila sam snuždena.	Ich war so betrübt.
(m) Bio sam obeshrabljen. / (f) Bila sam obeshrabljena.	Ich war so entmutigt.
Zašto izgledaš kao da te nešto muči?	Warum siehst du so bedrückt aus?
Jana je *skroz snuždena / totalno oneraspoložena*.	Jana ist *zu Tode betrübt / völlig deprimiert*.
Mirko je stvarno loše raspoložen.	Mirko ist wirklich schlecht gelaunt.
Nakon što je njegova momčad izgubila, bio je neutješan.	Als seine Mannschaft verloren hat, war er untröstlich.
Sve te strašne stvari koje su mi se dogodile proteklih mjeseci, prilično su me dotukle.	All die schlimmen Dinge, die mir in den letzten Monaten passiert sind, haben mir ganz schön zugesetzt.
Sanja još žali za svojim preminulim mužem.	Sanja trauert noch um ihren verstorbenen Mann.
Obitelj još tuguje.	Die Familie trauert noch.

Auch sehr geläufig ist ♂ *deprimiran* / ♀ *deprimirana*.

Gut zu wissen!
Negative Gefühle auszudrücken ist offen und ehrlich, auch wenn es sich manchmal nach Jammern anhört. Hier ein paar nützliche Sätze, um Zuspruch auszudrücken:
Život ide dalje. (Das Leben geht weiter.)
Treba stisnuti zube, zar ne? (Man muss die Zähne zusammenbeißen, nicht wahr?)

G

Gefühle und Emotionen

28 Iznenađenje i nevjerica
Überraschung und Unglaube

ⓜ Bio sam tako iznenađen. / ⓕ Bila sam tako iznenađena.	Ich war so überrascht.
Bili smo *zapanjeni / začuđeni*.	Wir waren *erstaunt / verwundert*.
Vijest nas je sve potpuno iznenadila.	Die Nachricht überraschte uns alle völlig.
Ne mogu vjerovati.	Ich kann es nicht fassen.
Nismo mogli vjerovati.	Wir konnten es nicht glauben.
Ne znam što da kažem.	Ich weiß nicht, was ich sagen soll.
ⓜ Bio sam zapanjen. / ⓕ Bila sam zapanjena.	Ich war verblüfft.
Ostali smo paf.	Das hat uns total verblüfft.
Ostali smo bez daha.	Es hat uns den Atem verschlagen.
Nemam riječi.	Ich bin sprachlos.
Bilo je nevjerojatno.	Es war so unwirklich.
To mi je zbilja otvorilo oči.	Das hat mir wirklich die Augen geöffnet.
To je za nepovjerovati.	Das ist kaum fassbar.
To je nemoguće.	Das ist ja unglaublich.
To je bilo izrazito zapanjujuće.	Das war höchst erstaunlich.
Ne vjerujem!	Das glaube ich nicht!
Nikad! To je nemoguće.	Niemals! Das ist unmöglich.

Wenn man etwas verärgert ist: ⓜ *Bio /* ⓕ *Bila sam van sebe.* (Ich war außer mir.)

To je predobro da bi bilo istinito.	Das ist zu schön, um wahr zu sein.	
To nije bilo nikakvo iznenađenje.	Das war keine Überraschung.	
Nije ni čudo.	Kein Wunder.	Einige der folgenden Redewendungen können nur im übertragenen Sinn wiedergegeben werden, da sie im Kroatischen entweder mit einer anderen Bildlichkeit funktionieren oder gar keine idiomatische Entsprechung haben.
Uopće nisam (m) bio iznenađen / (f) bila iznenađena.	Ich war nicht im Geringsten überrascht.	
Ne radi budalu od mene.	Verkauf mich nicht für dumm.	
Možeš misliti.	Wer's glaubt, wird selig.	
To nikad ne bi učinila.	Das hätte sie nie getan.	
Ne možeš mi dokazati da ...	Du kannst mir nicht weiß machen, dass ...	
Nisam ti ja od jučer.	Ich bin nicht von gestern.	
Ja sam rođeni skeptik.	Ich bin der geborene Skeptiker.	*Ja sam rođena skeptičarka / ciničarka.* (Ich bin die geborene Skeptikerin / Zynikerin.)
Ja sam rođeni cinik.	Ich bin der geborene Zyniker.	
To je bajka za malu djecu.	Das ist ein Ammenmärchen.	
Nisam to (m) uzeo / (f) uzela zdravo za gotovo.	Ich habe es nicht für bare Münze genommen.	
To uopće ne zvuči uvjerljivo.	Das klingt überhaupt nicht plausibel.	
Nezamislivo je da bi Nikola tako nešto učinio.	Es ist unvorstellbar, dass Nikola so etwas tun würde.	

Gut zu wissen!
Verben werden im Kroatischen verneint, indem man *ne* davor setzt: *ne znam* (ich weiß nicht), *ne mogu* (ich kann nicht). Bei Adjektiven wird *ne* als Präfix gebraucht:
(m) *zadovoljan* / (f) *zadovoljna* ≠ (m) ***ne**zadovoljan* / (f) ***ne**zadovoljna* (zufrieden ≠ unzufrieden).

H
Die Meinung äußern

29 Stavovi drugih i vlastito mišljenje
Ansichten anderer und die eigene Meinung

Ovo (dies) wird verwendet, wenn sich etwas in der Nähe des Sprechers befindet, *to* (dies), wenn etwas in der Nähe des Angesprochenen ist und *ono* (jenes) wenn es von beiden entfernt ist.

Što mislite?	Was denken Sie?
Što mislite o tome?	Was denken Sie darüber?
Kakvo je Vaše mišljenje (o ovome)?	Was ist Ihre Meinung (hierzu)?
Kakav je Vaš stav (o ovome)?	Was ist Ihr Standpunkt (dazu)?
Kakav je Vaš stav?	Wie ist Ihr Standpunkt?
Kako Vi gledate na to?	Wie sehen Sie das?
Mislim da Julija ima pravo.	Ich denke, Julija hat Recht.
Ako mene pitate, ta ideja ima potencijala.	Wenn Sie mich fragen, ist das eine vielversprechende Idee.
Ja sam prilično (m) siguran / (f) sigurna u uspjeh.	Ich bin sehr zuversichtlich.
Mislim da sada nije najbolji trenutak.	Ich denke, dass jetzt nicht der beste Zeitpunkt ist.
Po mom mišljenju, trebali bismo više štedjeti.	Meiner Meinung nach sollten wir mehr sparen.
Po mom mišljenju, to je gubljenje vremena.	Meiner Meinung nach ist das Zeitverschwendung.
Smatram da se ne troši dovoljno novca na obrazovanje.	Ich bin der Meinung, dass nicht genug Geld für Bildung ausgegeben wird.
Mislim da bismo svi mi trebali više raditi.	Ich glaube, dass wir alle mehr arbeiten sollten.
Mislim da smo na dobrom putu.	Ich glaube, wir sind auf dem richtigen Weg.

Smatram da Nikola nije najbolja osoba za tu poziciju.	Ich betrachte Nikola nicht als den besten Mann für die Stelle.
Što se mene tiče, sve je super.	Was mich betrifft, läuft alles prima.
Za mene je ona jedna od najboljih spisateljica svih vremena.	Für mich ist sie eine der besten Schriftstellerinnen ihrer Zeit.
Pretpostavljam da će doći do velikih promjena.	Ich schätze, es wird große Veränderungen geben.
Mislim da će se Sofija ubrzo vratiti.	Ich glaube, dass Sofija bald zurück sein wird.
Pretpostavljam da je to jednostavno pitanje vremena.	Ich schätze, es ist einfach eine Frage der Zeit.

„Der Schriftsteller" ist *pisac* oder *književnik*. „Dichter(in)" heißt auf Kroatisch *pjesnik(inja)*.

Gut zu wissen!
Hier im Überblick ein paar typische Einleitungen bei Meinungsäußerungen:
- *Vjerujem da...* (Ich glaube, dass ...)
- *Imam osjećaj da...* (Ich habe das Gefühl, dass ...)
- *Smatram da...* (Ich finde, dass ...)
- *Mislim da...* (Ich denke, dass ...)
- *Ako se mene pita, ...* (Wenn man mich fragt, ...)

H

Die Meinung äußern

30 Slažem se s tobom! Zustimmung ausdrücken

To je točno.	Das ist richtig.
Imate / Imaš (potpuno) pravo.	*Sie haben / Du hast* (absolut) Recht.
(Točno,) to je to.	(Genau,) das ist es.
Slažem se (*s tobom / s time*).	Ich stimme (*dir / dem*) zu.
Skroz se slažem.	Ich bin völlig einverstanden.
I ja to isto tako vidim.	Ich sehe das ganz genauso.
Dakle, istoga smo mišljenja.	Wir sind also einer Meinung.
Mislim isto tako.	Ich bin der gleichen Meinung.
Dogovorili smo se.	Wir sind uns einig.
To je i *moje mišljenje / moj stav / moj utisak*.	Das ist auch *meine Meinung / mein Standpunkt / mein Eindruck*.
Očigledno smo istih pogleda.	Wir haben anscheinend ähnliche Ansichten.
Ja to vidim isto tako.	So sehe ich es auch.
Slažem se (u potpunosti).	Ich bin (absolut) einverstanden.
To i ja mislim.	Das denke ich auch.
Mislim da imaš pravo.	Ich glaube, du hast Recht.
Po pitanju toga, istoga smo mišljenja.	Wir sind in dieser Sache einer Meinung.
U tome ima puno istine.	Da ist viel Wahres dran.
Tako je.	So ist es.

istoga smo mišljenja = mislimo isto

Preistinito.	Nur zu wahr.	Das Präfix *pre-* bedeutet „zu" und wird mit dem Adjektiv bzw. Adverb, auf das es sich bezieht, zusammengeschrieben: *predebeo* (zu dick), *previše* (zu viel).
Točno.	Genau.	
I te kako.	Und ob.	
Meni se sviđa ova ideja. – I meni.	Ich mag diese Idee. – Ich auch.	
U to sam (m) uvjeren / (f) uvjerena.	Davon bin ich überzeugt.	
To što *govorite / mislite* je točno.	Was Sie da *sagen / denken*, ist korrekt.	
To podržavam.	Das unterstütze ich.	
Ja sam jako za to (da se to učini).	Ich bin sehr dafür(, das zu tun).	
Imate moju potpunu podršku.	Sie haben meine volle Unterstützung.	
Na pravom smo putu.	Wir sind auf dem richtigen Weg.	
♂ Pogodio / ♀ Pogodila si samu srž stvari.	Du hast den Nagel auf den Kopf getroffen.	Im kroatischen Pendant zur Redewendung mit dem Nagel und dem Kopf wird wörtlich ins „Mark" (*srž*) einer Sache getroffen.
To ni (m) sam ne bih bolje rekao / (f) sama ne bih bolje rekla.	Das hätte ich selbst nicht besser sagen können.	
U tome imaš potpuno pravo.	Da liegst du genau richtig.	

Gut zu wissen!
Složiti se hat mehrere Bedeutungen und Möglichkeiten der Verbindung:
- *složiti se s nekim* (mit einer Person übereinstimmen):
  Slažem se s tobom. (Ich stimme dir zu.)
- *složiti se s nečim* (einer Sache zustimmen):
  Slažem se s time. (Ich stimme dem zu.)
- *složiti se s nekim oko nečega* (mit einer Person in einer Sache übereinstimmen):
  Slažem se s tobom oko ovog problema. (Was dieses Problem betrifft, stimme ich dir zu.)

H
Die Meinung äußern

31 Proturječiti
Widersprechen

Nisam ⓜ siguran / ⓕ sigurna slažem li se.	Ich bin mir nicht sicher, ob ich einverstanden bin.
Žao mi je, ali ja se (*s Vama / s time*) ne slažem.	Tut mir leid, ich stimme (*Ihnen / dem*) nicht zu.
Žao mi je, ali ja sam drugog mišljenja.	Tut mir leid, aber ich bin anderer Meinung.
Ne mislim da se to tako može reći.	Ich denke nicht, dass man das so sagen kann.
Sumnjam u to.	Das bezweifle ich.
Jako sumnjam da se o tome radi.	Ich bezweifle sehr, dass es darum geht.
Nisam baš ⓜ siguran / ⓕ sigurna.	Da bin ich mir nicht so sicher.
To se čini prilično nevjerojatnim.	Das scheint eher unwahrscheinlich.
Ja sam ipak ⓜ skeptičan / ⓕ skeptična.	Ich bin eher skeptisch.
Vjerujem da se radi o nesporazumu.	Ich glaube, es liegt ein Missverständnis vor.
Mi imamo (o tome) različito mišljenje.	Wir sind (darüber) anderer Meinung.
Imamo različite stavove.	Wir haben unterschiedliche Ansichten.
Ja sam protiv.	Ich bin dagegen.
Naša mišljenja se po pitanju toga razlikuju.	Wir sind in dieser Sache unterschiedlicher Meinung.

Umgangssprachlich kann man auch mit *Nema šanse.* (Keine Chance.) widersprechen.

Ne mogu se složiti s time što ste upravo rekli.	Ich muss Ihnen in Bezug auf das, was Sie gerade gesagt haben, widersprechen.
To nije *točno / ispravno*.	Das ist nicht *richtig / korrekt*.
To ne može biti istina.	Das kann doch nicht wahr sein.
Ja sam sasvim drugog mišljenja.	Ich bin völlig anderer Meinung.
Tu ste u krivu.	Da liegen Sie ganz falsch.
Na krivom si putu.	Du bist auf der falschen Fährte.
Ja to uopće ne vidim tako.	Das sehe ich gar nicht so.
Moram ti proturječiti.	Da muss ich dir widersprechen.
Nisu se uopće mogli složiti.	Sie konnten sich absolut nicht einigen.
Počupat će si kosu.	Sie liegen sich in den Haaren.

Anstatt *proturječiti* (widersprechen) wird oft auch *prigovoriti* verwendet.

Gut zu wissen!

Schließt man sich einer positiven Meinung an, so drückt man „ich auch" (Nominativ) im Kroatischen wörtlich mit einem „mir auch" (Dativ) aus. *Meni je to čudno. – I meni.* kann also im Deutschen auf zweierlei Weise übersetzt werden: „Ich finde das komisch. – Ich auch." oder „Mir kommt das komisch vor. – Mir auch."
Will man „auch nicht" zum Ausdruck bringen, also einer negativen Meinung beipflichten, dann verwendet man entsprechend:
*Meni to nije čudno. – **Ni meni**.* (Ich finde das nicht komisch. – Ich auch nicht. / Mir kommt das nicht komisch vor. – Mir auch nicht.)
Mit *meni ne* (ich nicht / mir nicht) oder *meni da* (ich schon / mir schon) widerspricht man kurz und knapp:
*Meni je to čudno. – **Meni ne**.* (Ich finde das komisch. – Ich nicht. / Mir kommt das komisch vor. – Mir nicht.)
*Meni to nije čudno. – **Meni da**.* (Ich finde das nicht komisch. – Ich schon. / Mir kommt das nicht komisch vor. – Mir schon.)

H
Die Meinung äußern

32 Prigovori i reklamacije
Beschwerde und Reklamation

Žao mi je, ali imam prigovor.	Es tut mir leid, aber ich habe eine Beschwerde.
Moram se, nažalost, požaliti na uslugu.	Ich muss mich leider über den Service beschweren.
Nažalost, postoji malen problem.	Es gibt leider ein kleines Problem.
Izgleda da nešto nije u redu.	Es scheint etwas nicht in Ordnung zu sein.
Kupaonica nije počišćena.	Das Bad ist nicht gereinigt worden.
Grijanje ne radi.	Die Heizung funktioniert nicht.
Nema ručnika.	Es gibt keine Handtücher.
Žarulja je pregorjela.	Die Glühbirne ist kaputt.
Nešto nije u redu s klimom.	Etwas stimmt mit der Klimaanlage nicht.
Zahod je začepljen.	Die Toilette ist verstopft.
On je *prevelik / premalen / predugačak / prekratak*.	Er ist zu *groß / klein / lang / kurz*.
Ona je *prevelika / premalena / predugačka / prekratka*.	Sie ist zu *groß / klein / lang / kurz*.
Ono je *preveliko / premaleno / predugačko / prekratko*.	Es ist zu *groß / klein / lang / kurz*.
Auto je prljav.	Das Auto ist dreckig.
Jedan dio nedostaje.	Ein Teil fehlt.

Die folgenden Sätze sind vor allem auf Reisen nützlich.

Weibliche Adjektive enden im Nominativ auf -a und sächliche auf -o oder -e.

Kada pritisnem dugme, ništa se ne događa.	Wenn ich den Knopf drücke, passiert nichts.
Nema slike na ekranu.	Der Bildschirm ist schwarz.
Možete li, molim Vas, ovo popraviti?	Können Sie das bitte richten?
Možete li nešto (protiv toga) učiniti?	Können Sie etwas (dagegen) tun?
(m) Siguran / (f) Sigurna sam da možemo naći način kako to riješiti.	Ich bin sicher, dass wir einen Weg finden, das zu klären.
Znam da niste Vi krivi.	Ich weiß, dass das nicht Ihre Schuld ist.
(m) Htio / (f) Htjela bih zamjenu.	Ich hätte gern Ersatz.
Želim povrat novca.	Ich will mein Geld zurück.
Želim razgovarati s voditeljem / voditeljicom.	Ich will mit *dem Geschäftsführer / der Geschäftsführerin* sprechen.
Tko je odgovorna osoba?	Wer ist die zuständige Person?
Neću dopustiti da se tako odnosite prema meni.	Ich verbitte mir eine solche Behandlung.

Für Geschäftsführer bzw. Geschäftsführerin hört man auch oft *menadžer* bzw. *menadžerica*.

Gut zu wissen
Am ehesten hat man mit einer Beschwerde Erfolg, wenn man höflich bleibt und nicht mit der Tür ins Haus fällt. Wendungen wie *Žao mi je, ali ...* (Es tut mir leid, aber ...) und *Oprostite, ali ...* (Verzeihen Sie, aber ...) helfen, die Beschwerde weniger vorwurfsvoll zu formulieren.

Unterwegs in der Stadt

33 Prijedlozi i preporuke
Vorschläge und Empfehlungen

Što se tu može *vidjeti / razgledati*?	Was gibt es hier zu *sehen / besichtigen*?
Što (nam) preporučate?	Was empfehlen Sie (uns)?
Možete li nam dati par sugestija?	Können Sie uns ein paar Tipps geben?
Možete li nam preporučiti neki restoran?	Können Sie uns ein Restaurant empfehlen?
Imate li kakvu ideju za nas?	Haben Sie ein paar Anregungen für uns?
Što kažete na kino?	Wie wäre es mit Kino?
Mogli biste ići u neki tematski park.	Sie könnten in einen Themenpark gehen.
Što kažete na stari grad?	Wie wär's mit der Altstadt?
Zašto ne odemo na plažu?	Warum gehen wir nicht zum Strand?
Hajdemo na izlet brodom.	*Lass / Lasst* uns eine Bootsfahrt machen.
Predlažem da se prvo odmorimo, a zatim krenemo dalje.	Ich schlage vor, wir ruhen uns aus und ziehen dann wieder los.
Mogu / Smijem li predložiti nešto drugo?	*Kann / Darf* ich etwas anderes vorschlagen?
Ako bih Ⓜ smio / Ⓕ smjela nešto drugo predložiti, …	Wenn ich etwas anderes vorschlagen dürfte, …
Imam bolju ideju.	Ich habe eine bessere Idee.
Ako želite, možemo uzeti naš auto.	Wenn ihr möchtet, können wir unser Auto nehmen.

Eine andere Art zu fragen: *Može li film?* (wörtlich: Geht ein Film?)

Želiš li da te ja odvezem?	Möchtest du, dass ich dich hinbringe?
Možemo li se naći za pola sata (na recepciji)?	Können wir uns in einer halben Stunde (an der Rezeption) treffen?
Možda biste željeli u Uliksu popiti koktel.	Vielleicht möchten Sie im Uliks einen Cocktail trinken.
Najbolje bi bilo da se nađemo u devet.	Das Beste wäre, sich um neun zu treffen.
Na tvome bih mjestu ♂ rezervirao / ♀ rezervirala putem interneta.	An deiner Stelle würde ich online reservieren.
Stvarno bih vam ⓜ preporučio / ⓕ preporučila da rezervirate unaprijed.	Ich würde euch sehr empfehlen, vorher zu reservieren.
Možemo ići u kafić.	Wir könnten einfach in eine Bar gehen.
Meni ne pada ništa bolje na pamet, pa možemo jednostavno učiniti što je Ana predložila.	Mir fällt nichts Besseres ein, also könnten wir auch einfach das tun, was Ana vorgeschlagen hat.
Poslušaj me, nije vrijedno truda.	Hör auf meinen Rat: Es ist die Mühe nicht wert.

ⓜ *preporučio /* ⓕ *preporučila bih ...* = ich würde empfehlen ...

> **Gut zu wissen!**
> „Lass / Lasst uns ..." wird umgangssprachlich auch mit *ajmo*, einer verkürzten Form von *hajdemo*, wiedergegeben: *Ajmo u grad!* (Lass / Lasst uns in die Stadt gehen.) Ursprünglich entstammt diese Form dem Türkischen *haydi* (los, auf).
> Generell enthält das Kroatische viele Wörter fremden Ursprungs, wie z. B. aus dem Italienischen, Lateinischen, Deutschen (bzw. vor allem Österreichischen), Ungarischen, Türkischen und Französischen.

I
Unterwegs in der Stadt

34 U restoranu
Im Restaurant

ⓜ Želio / ⓕ Željela bih rezervirati stol.	Ich möchte einen Tisch reservieren.
Za koliko osoba?	Für wie viele Personen?
Stol za četiri osobe u devetnaest i trideset (sati).	Ein Tisch für vier Personen um neunzehn Uhr dreißig.
Željeli bismo stol *kraj prozora / vani na terasi / u vrtu / u mirnom kutu* ako je moguće.	Nach Möglichkeit hätten wir gern einen Tisch *am Fenster / draußen auf der Terrasse / im Garten / in einer ruhigen Ecke*.
Dobra večer, imamo rezervaciju na ime …	Guten Abend, wir haben eine Reservierung auf den Namen …
Možemo li dobiti jelovnik?	Können wir bitte die Speisekarte haben?
Što imate danas u ponudi?	Was für ein Tagesgericht gibt es?
Jeste li izabrali?	Haben Sie gewählt?
Uzet ću miješanu salatu za predjelo.	Ich nehme einen gemischten Salat als Vorspeise.
A za glavno jelo bih ⓜ volio / ⓕ voljela tjesteninu s lososom.	Und als Hauptgericht hätte ich gern die Nudeln mit Lachs.
Ja sam *vegetarijanac / vegetarijanka*.	Ich bin *Vegetarier / Vegetarierin*.
Ja sam ⓜ alergičan / ⓕ alergična na …	Ich bin gegen … allergisch.
Mogu li dobiti jelo bez krumpira?	Kann ich das Gericht ohne Kartoffeln bekommen?

In offiziellen Kontexten, also auch bei Reservierungen, wird das 24-Stunden-System verwendet.

Der einfachste Weg um etwas zu bestellen ist *Molim Vas,* + Nomen im Akkusativ: *Molim Vas, jednu Fantu.* (Bitte, eine Fanta.)

Mogu li umjesto toga dobiti više povrća?	Könnte ich stattdessen mehr Gemüse bekommen?
Odrezak bih ⓜ volio / ⓕ voljela *krvav / srednje pečen / potpuno pečen*.	Ich hätte das Steak gern *blutig / medium / durchgebraten*.
Možete li mi donijeti *još jedan nož / novu vilicu / čistu žlicu*?	Könnten Sie mir bitte *noch ein Messer / eine neue Gabel / einen sauberen Löffel* bringen?
I za piti bismo htjeli bocu *gazirane / negazirane* vode.	Und zu trinken hätten wir gern eine Flasche Wasser *mit / ohne* Kohlensäure.
Jednu običnu vodu iz slavine, molim.	Ein einfaches Leitungswasser, bitte.
Ja bih koktel.	Ich nehme einen Cocktail.
Ja sam ⓜ sit / ⓕ sita.	Ich bin satt.
Ja sam ⓜ gotov / ⓕ gotova.	Ich bin fertig.
Više ne mogu.	Mehr schaffe ich nicht.
Za mene bez deserta.	Für mich kein Dessert.
Račun, molim.	Die Rechnung, bitte.
Plaćamo li ovdje ili *na šanku / na izlazu*?	Bezahlen wir hier oder *an der Theke / am Ausgang*?
Dijelimo račun.	Wir teilen die Rechnung.
Ja te častim.	Ich lade dich ein.
Onda sam ja sljedeći put na redu.	Dann bin ich nächstes Mal dran.

Umgangssprachlich oft verwendet: *Ja sam* ⓜ *pun /* ⓕ *puna.* (Ich bin voll.)

Die meisten Kellner werden nicht nachfragen, ob man zusammen oder getrennt zahlen möchte. Deswegen unbedingt vorher sagen: *Plaćamo odvojeno.* (Wir zahlen getrennt.)

Gut zu wissen!
In den meisten Cafés bestellt und bezahlt man am Tisch, außer in Diskotheken. Dort werden die Bestellungen an der Theke angenommen. Ob man im Restaurant einen Tisch angeboten bekommt oder selbst wählt, hängt vom Lokal ab. In Restaurants bezahlt man immer am Tisch. Ein Trinkgeld ist nicht obligatorisch, aber in Höhe von 10% üblich.

Unterwegs in der Stadt

35 Kupovina / Shopping

Koliko to košta?	Wie viel kostet das?
To je, nažalost, preskupo.	Das ist leider zu teuer.
To je više nego sam ⓜ mislio / ⓕ mislila platiti.	Das ist mehr, als ich bezahlen wollte.
Imate li nešto povoljnije?	Haben Sie etwas Günstigeres?
Tražim rođendanski poklon.	Ich suche ein Geburtstagsgeschenk.
Imate li nešto što bi se moglo dopasti jednoj starijoj osobi?	Haben Sie etwas, das einer älteren Person gefallen könnte?
Mogu li Vam pomoći? – Hvala, samo gledam.	Kann ich Ihnen helfen? – Danke, ich schaue nur.
Uzet ću to.	Ich nehme es.
Hvala, neću uzeti.	Danke, ich nehme es nicht.
Smijem li to probati?	Kann ich das bitte anprobieren?
Gdje su kabine za presvlačenje?	Wo sind die Umkleidekabinen?
Želite li neku drugu boju?	Hätten Sie es in einer anderen Farbe?
Želite li *veći / manji* broj?	Hätten Sie eine Nummer *größer / kleiner*?
Nosim veličinu četrdeset. Ne znam koja je to veličina u Hrvatskoj.	Ich habe Größe vierzig. Ich weiß nicht, welcher Größe das in Kroatien entspricht.

osoba srednjih godina = Person mittleren Alters
mlada osoba = junge Person

Deutsche Größen entsprechen meistens den kroatischen.

Odgovara li Vam?	Passt es Ihnen?	
Malo je *preusko / premalo / preširoko / preveliko*.	Es ist ein bisschen *zu eng / zu klein / zu weit / zu groß*.	
Stoji *Vam / ti*.	Es steht *Ihnen / dir*.	
Odgovara li to uz ovu jaknu?	Passt es zu dieser Jacke?	Umgangssprachlich oft verwendet: *Paše li ...?* (Passt es ...?)
To je točno to što sam si (m) zamislio / (f) zamislila.	Es ist genau das, was ich mir vorgestellt habe.	
To nije baš to što sam (m) tražio / (f) tražila.	Es ist nicht ganz das, was ich gesucht habe.	
Možete li mi ovo umotati kao poklon?	Können Sie es als Geschenk einpacken?	
Imate li vrećicu?	Haben Sie eine Tüte?	
Mogu li ovo zamijeniti?	Kann ich das umtauschen?	Vorsicht: In vielen kroatischen Geschäften gibt es kein Rückgaberecht, wenn die Sachen doch nicht gefallen.
Želio bih ovo vratiti.	Ich möchte das zurückgeben.	
Imate li još račun?	Haben Sie noch den Kassenzettel?	
(m) Htio / (f) Htjela bih povrat novca.	Ich hätte gern mein Geld zurück.	
Unesite PIN i stisnite potvrdu unosa.	Geben Sie bitte Ihre PIN ein und drücken Sie, um zu bestätigen.	
Uz ovu karticu nema PIN-a, moram potpisati.	Zu dieser Karte gibt es keine PIN, ich muss unterschreiben.	
Imate li sitnog?	Haben Sie Kleingeld?	

Gut zu wissen!
In Kroatien sind die Ladenöffnungszeiten weniger streng geregelt als in Deutschland. Die meisten Geschäfte haben auch am Sonntag geöffnet. Tankstellen sind rund um die Uhr geöffnet. Im Sommer sind vor allem in der Küstenregion Öffnungszeiten bis 24 Uhr keine Seltenheit.

I

Unterwegs in der Stadt

36 Smještaj
In der Unterkunft

Imate li slobodnu sobu?	Haben Sie ein Zimmer frei?
Tražimo *jedno- / dvo- / višekrevetnu sobu*.	Wir suchen ein *Einzel- / Doppel- / Mehrbett*zimmer.
Tražimo za večeras sobu s doručkom.	Wir suchen für heute Nacht ein Zimmer mit Frühstück.
Rado bismo *mirnu sobu / sobu sa stražnje strane*.	Wir hätten gern *ein ruhiges Zimmer / ein Zimmer, das nach hinten geht*.
Koliko košta?	Wie viel kostet es?
Je li doručak uključen?	Ist das Frühstück inbegriffen?
Rezervirali smo za tri noći na ime …	Wir haben eine Reservierung für drei Nächte auf den Namen …
Možete li, molim Vas, ispuniti prijavu?	Können Sie bitte das Anmeldeformular ausfüllen?
Možete li, molim Vas, ovdje potpisati?	Können Sie bitte hier unterschreiben?
Kako želite platiti?	Wie wollen Sie bezahlen?
Soba je rezervirana putem interneta i plaćena unaprijed. Zašto trebate moju kreditnu karticu?	Das Zimmer wurde über das Internet gebucht und im Voraus bezahlt. Warum brauchen Sie meine Kreditkarte?
Moram unijeti broj Vaše kartice u računalo, ali ona će biti terećena tek pri odlasku.	Ich muss Ihre Karte in den Computer eingeben, aber sie wird erst beim Checkout belastet.

Bei *dvokrevetna soba* bekommen Sie ein Doppelzimmer mit Doppelbett. Wenn Sie ein Doppelzimmer mit zwei Einzelbetten möchten, müssen Sie nach *soba s odvojenim krevetima* fragen.

Auf einem Anmeldeformular begegnen Ihnen u.a.: *datum dolaska / odlaska* (Ankunfts- / Abreisedatum), *način plaćanja* (Zahlungsweise) sowie *potpis* (die Unterschrift).

Ako plaćate gotovinom, trebao bi mi polog.	Wenn Sie bar bezahlen, brauche ich Vorauskasse.
Soba još nije gotova. Bit će na raspolaganju od četrnaest sati.	Das Zimmer ist noch nicht fertig. Es steht ab 14 Uhr zur Verfügung.
Mogu li ovdje ostaviti prtljagu?	Kann ich mein Gepäck dalassen?
U koliko je sati doručak?	Um wie viel Uhr ist Frühstück?
Gdje je *dizalo / teretana / wellness*?	Wo ist der *Aufzug / Fitnessraum / Wellnessbereich*?
Kako glasi lozinka za internet?	Wie ist das Passwort für das Internet?
Imate li plan grada?	Haben Sie einen Stadtplan?
Imate li *sušilo za kosu / trezor*?	Haben Sie einen *Föhn / Safe*?
Željeli bismo *produžiti za jednu noć / ostati još jednu noć*.	Wir möchten *um eine Nacht verlängern / noch eine Nacht bleiben*.
Želim *se odjaviti / platiti račun*.	Ich möchte *auschecken / die Rechnung bezahlen*.
Ne, nisam (m) uzeo / (f) uzela ništa iz minibara.	Nein, ich habe nichts aus der Minibar genommen.

Übrigens: Für den Fall, dass nicht alles Ihren Wünschen entspricht, finden Sie in Kapitel 32 wichtige Wendungen, um Ihre Beschwerde zu formulieren.

> **Gut zu wissen**
> Ein *apartman* (Ferienwohnung) finden Sie in der Küstenregion fast in jedem Haus. Das ist dort auch die kostengünstigste Unterkunft. Es ist aber empfehlenswert, schon von zu Hause aus zu reservieren. Abseits der Küsten sind Appartements schwer zu finden und man muss meist mit einem *hotel* vorliebnehmen.

J
Freizeit

37 To me zanima
Das interessiert mich

Volim gledati stare filmove.	Ich schaue sehr gern alte Filme.
Uglavnom ja kuham i rado isprobavam nove recepte.	Ich übernehme meistens das Kochen und probiere gern neue Rezepte aus.
Volim izlaziti i sastajati se s prijateljima u kafiću.	Ich gehe gern raus und treffe mich mit meinen Freunden im Café.
Volim gledati dokumentarce o putovanjima.	Ich schaue mir gern Reise-Dokus an.
Ako to ikako mogu, ne propuštam niti jedan nastavak svoje omiljene sapunice.	Ich verpasse keine Folge meiner Lieblingssoap, wenn ich es irgendwie vermeiden kann.
Volim slušati glazbu.	Ich höre gern Musik.
Sam učim svirati gitaru.	Ich bringe mir das Gitarrespielen selbst bei.
Često idem na buvljake.	Ich gehe ziemlich oft auf Flohmärkte.
Ja sam *veliki majstor / velika majstorica* u kući.	Ich bin *ein großer Heimwerker / eine große Heimwerkerin*.
Skupljam bočice od parfema.	Ich sammle Parfümflakons.
Imam psa. To me tjera da izađem iz kuće.	Ich habe einen Hund. Das hilft mir, aus dem Haus zu kommen.
Provodim puno vremena na *Twitteru / Skypeu / Facebooku*.	Ich verbringe viel Zeit auf *Twitter / Skype / Facebook*.

Obwohl „gern" *rado* heißt, wird „ich + Verb + gern" mit der Konstruktion *volim* (ich liebe) + Infinitiv übersetzt: *Volim voziti auto*. (Ich fahre gern Auto).

Die Wörter *sam* (allein) und *sam* (ich bin) haben die gleiche Schreibweise, werden aber unterschiedlich ausgesprochen. Einmal wird das *a* in die Länge gezogen [sa:m] (allein), das andere mal bleibt das *a* kurz [sam] (ich bin): *Ja sam* [sam] *sam* [sa:m] *kod kuće.* (Ich bin allein zu Hause.)

Zanima me sve vezano uz kompjuterske igrice.	Ich interessiere mich für alles, was mit Computerspielen zu tun hat.
Koristimo svaku priliku za putovanje.	Wir nehmen jede Gelegenheit wahr, zu verreisen.
(m) Ovisan / (f) Ovisna sam o sudoku križaljkama.	Ich bin süchtig nach Sudoku.
U slobodno vrijeme jako volim raditi u vrtu.	In der Freizeit liebe ich es im Garten zu arbeiten.
Pri tome se mogu jako dobro opustiti.	Dabei kann ich mich sehr gut entspannen.
Provodim prilično puno vremena pred televizorom.	Ich verbringe ziemlich viel Zeit vor dem Fernseher.
Marija puno volontira.	Marija arbeitet viel ehrenamtlich.
Ja sam *predsjednik* / *predsjednica* našeg teniskog kluba.	Ich bin *Vorsitzender* / *Vorsitzende* unseres Tennisvereins.
U to malo slobodnog vremena što imam, ne želim biti pod stresom.	In der wenigen Freizeit, die ich habe, möchte ich keinen Stress haben.
Ne bavim se ni sa čime što bih (m) mogao / (f) mogla nazvati hobijem.	Ich habe nichts, was ich als Hobby bezeichnen würde.
Politika me ne zanima.	Ich interessiere mich nicht für Politik.
Pokušavam ostati (m) informiran / (f) informirana.	Ich versuche auf dem Laufenden zu bleiben.

Auf (m) *Ovisan* / (f) *Ovisna sam o* folgt der Lokativ (Kasus mit der Funktion von Ortsangaben).

In Kroatien trägt auch der Staatspräsident bzw. die Staatspräsidentin den Titel (m) *predsjednik* / (f) *predsjednica*.

> **Gut zu wissen!**
> Das beliebteste Hobby der Kroaten ist Fußball. Wenn man in der Küstenregion wohnt, ist auch Segeln und Surfen sehr angesagt. Die in den deutschsprachigen Ländern recht beliebten Sportarten wie Golf oder Nordic Walking sind dagegen nicht sehr weit verbreitet.
> Im Sommer spielt man *picigin*, eine Ballsportart, die traditionell aus Dalmatien kommt und im flachen, sandigen Wasser in Gruppen gespielt wird.

J
Freizeit

38 Sport je prava stvar za mene
Sport ist mein Ding

baviti se sportom = Sport treiben; entsprechend:
baviti se nogometom / tenisom (Fußball / Tennis spielen)

Prošle godine sam se ⓜ počeo / ⓕ počela baviti *golfom / karateom*.	Ich habe letztes Jahr mit *Golf / Karate* angefangen.
Što kažete na partiju golfa?	Hätten Sie Lust auf eine Runde Golf?
Postoji li ovdje dobar golfski teren?	Kennen Sie hier einen guten Golfplatz?
Ne igram dobro *golf / nogomet*.	Ich spiele nicht gut *Golf / Fußball*.
ⓜ Zaboravio / ⓕ Zaboravila sam sportsku odjeću.	Ich habe mein Sportzeug vergessen.
Ja sam *veliki ljubitelj / velika ljubiteljica* vodenih sportova.	Ich bin *begeisterter Wassersportler / begeisterte Wassersportlerin*.
Ja *jedrim / surfam / skijam na vodi / ronim*.	Ich *segle / surfe / fahre Wasserski / tauche*.
Danas je ugodan stalan povjetarac, niti prejak niti preslab.	Heute gibt es eine schöne stetige Brise, nicht zu leicht, nicht zu steif.
Mogu li posuditi prsluk za spašavanje?	Kann ich eine Rettungsweste ausleihen?
Je li brod potpuno opremljen?	Ist das Boot voll ausgestattet?
Izdano je upozorenje o oluji.	Es wurde eine Sturmwarnung ausgegeben.
Vikendom često idemo na izlet u planine.	Wir machen am Wochenende oft einen Ausflug in die Berge.

Postoji šetačka staza uz obalu.	Es gibt einen Wanderweg entlang der Küste.	
Ne postoje označene šetačke staze.	Es gibt keine markierten Wanderwege.	
Gdje mogu pronaći planinarskog vodiča?	Wo finde ich einen Bergführer?	*Vodič* (Führer) ist immer männlich. Die weibliche Variate lautet *ženski vodič*.
Je li jako strmo?	Ist es sehr steil?	
Idete li često u teretanu?	Gehen Sie oft ins Fitnessstudio?	
Pokušavam trenirati tri puta tjedno.	Ich versuche, drei Mal die Woche zu trainieren.	
Redovito idem na pilates.	Ich gehe regelmäßig ins Pilates.	
Jako volim zumbu.	Ich mag Zumba sehr.	
Volim plesati.	Ich tanze gern.	
Rekreativno trčim.	Ich gehe joggen.	
Bavim se *atletikom / nordijskim hodanjem*.	Ich mache *Leichtathletik / Nordic-Walking*.	
Vozim role.	Ich gehe Inlineskaten.	
Trčim maraton.	Ich laufe Marathon.	
Zimi *skijam / se bavim skijaškim trčanjem*.	Im Winter gehe ich *skifahren / langlaufen*.	
Ja *kližem / se sanjkam*.	Ich gehe *Schlittschuh laufen / rodeln*.	

Gut zu wissen!
Für das Wort „Schläger" gibt es im Kroatischen mehrere Entsprechungen. Beim Tennis oder Badminton heißt es *reket*, beim Hockey oder Golf wiederum *palica*.
Für „(Sport)platz" dagegen gibt es nur das Wort *igralište*.

J
Freizeit

39 Umjetnost i kultura
Kunst und Kultur

Kada se muzej *otvara / zatvara*?	Wann *öffnet / schließt* das Museum?
Kada je sljedeći vođeni obilazak?	Wann ist die nächste Führung?
Imate li audio vodič na njemačkom?	Haben Sie einen deutschsprachigen Audio-Führer?
Je li dozvoljeno fotografirati?	Ist es erlaubt zu fotografieren?
Posebna izložba otvara se sutra.	Die Sonderausstellung eröffnet morgen.
Koliko košta katalog?	Was kostet der Katalog?
Smijem li ponijeti torbu sa sobom unutra?	Kann ich meine Tasche mit reinnehmen?
Na kojem katu su slike Ede Murtića?	In welchem Stock sind die Gemälde von Edo Murtić?
Ne dirati.	Nicht berühren.
Volim *mrtvu prirodu / pejzaže / autoportrete*.	Ich mag *Stillleben / Landschaften / Selbstporträts*.
Moderna umjetnost me ne zanima.	Moderne Kunst interessiert mich nicht.
Hajdemo napraviti pauzu i otići u kafić.	Lasst uns Pause machen und ins Café gehen.
Želite li večeras *na operu / u kazalište / na koncert*?	Möchtet ihr heute Abend *in die Oper / ins Theater / in ein Konzert* gehen?
Nađimo se u predvorju.	Wir treffen uns im Foyer.
Ulaznice su rezervirane na moje ime.	Die Eintrittskarten sind auf meinen Namen reserviert.

Slika (Bild) und *fotografija* (Foto), wie auch die Verben *slikati* (abbilden) und *fotografirati* (fotografieren) sind im täglichen Sprachgebrauch Synonyme.

Edo Murtić (1921–2005) ist einer der bekanntesten Künstler Kroatiens der jüngeren Vergangenheit.

Ima li još karata?	Gibt es noch Karten?
U kojem smo redu?	In welcher Reihe sind wir?
Oprostite, ali mislim da sjedite na mome mjestu.	Entschuldigung, ich glaube, Sie sitzen auf meinem Platz.
Što izvode?	Was führen sie auf?
Kada počinje predstava?	Wann beginnt die Aufführung?
Ima li stanke?	Gibt es eine Pause?
To je premijera.	Das ist die Premiere.
On je dobio / Ona je dobila dobre kritike.	*Er / Sie* hat sehr gute Kritiken bekommen.
Tko je režirao?	Wer führt Regie?
Tko dirigira?	Wer dirigiert?
Glumci su bili odlični.	Die Darsteller waren fantastisch.
Jeste li mogli pratiti radnju?	Konnten Sie der Handlung folgen?
Tko je napisao taj komad?	Wer hat das Stück geschrieben?
Akustika je bila izvrsna.	Die Akustik war großartig.
Glumci su dva puta izlazili pred publiku.	Es gab zwei Vorhänge.	Bei Konzerten: *bis* (Zugabe).

> **Gut zu wissen!**
> *Slika Ede Murtića.* = Das Bild von Edo Murtić.
> Bei der Angabe von Urhebern im Bereich der Kunst oder Literatur wird im Kroatischen die Präposition „von" nicht übersetzt. Die Angabe des Urhebers erfolgt durch den Genitiv.
> *Roman Nataše Dragnić.* (Der Roman von Nataša Dragnić.)
> *Knjiga Stephena Kinga.* (Das Buch von Stephen King.)
> *Skladba Madonne.* (Das Lied von Madonna.)

J
Freizeit

40 Popularna kultura
Popkultur

Ide li ti se u kino?	Hättest du Lust ins Kino zu gehen?
Mogli bismo gledati novi film o Jamesu Bondu.	Wir könnten den neuen James-Bond-Film anschauen.
Ja ne volim ići u kino.	Ich gehe nicht so gern ins Kino.
Što igra u kinu?	Was läuft im Kino?
Predstave su u osamnaest i trideset, u dvadeset i trideset i u dvadeset dva i trideset.	Vorführungen sind um achtzehn Uhr dreißig, zwanzig Uhr dreißig und zweiundzwanzig Uhr dreißig.
Ima kasna predstava.	Es gibt eine Spätvorstellung.
Film *upravo igra / još nije počeo igrati*.	Der Film *läuft gerade an / ist noch nicht angelaufen.*
Sve su kritike jako pozitivne.	Die Kritiken sind alle sehr positiv.
Što ima na televiziji?	Was läuft im Fernsehen?
Ovaj film mi se nije toliko svidio kao prijašnji.	Dieser Film hat mir nicht so gut gefallen wie der vorige.
... je moja najdraža serija. Imam sve sezone na DVD-u.	... ist meine Lieblingsserie. Ich habe alle Staffeln auf DVD.
Specijalni efekti su čarobni.	Die Spezialeffekte sind fabelhaft.
Snimke su zapanjujuće.	Die Aufnahmen sind überwältigend.
Film je bio nominiran za dva Oskara.	Der Film wurde für zwei Oscars nominiert.

Novi film o Jamesu Bondu, nicht ~~Novi film James Bonda~~.

televizor = der Fernseher
televizija = der Fernsehsender

Znaš li već za novi krimić od ...	Kennst du schon den neuesten Krimi von ...
Silno iščekujem novi svezak ...	Ich warte schon sehnsüchtig auf den nächsten Band von ...
Obožavatelj sam *francuskih stripova / japanskih mangi*.	Ich bin ein Fan von *französischen Comics / japanischen Mangas*.
Nova igra ... ima nevjerojatnu grafiku.	Das neueste Game von ... hat eine unglaubliche Grafik.
Znaš li već za novu aplikaciju za vijesti?	Kennst du schon die neueste Nachrichten-App?
Bi li ti se dalo ići na nastup u klub Hemingway?	Hättest du Lust, auf den Gig im Hemingway-Club zu gehen?
Hoćemo li ići u klub?	Wollen wir clubben gehen?
To mjesto ima odlične DJ-e.	Die Location hat erstklassige DJs.
Singlica se popela na drugo mjesto na ljestvici.	Die Single hat es auf Platz zwei in den Charts geschafft.
To je debitantski album te grupe.	Es ist das Debütalbum der Band.
Njezin zadnji single je bio super uspješan.	Ihre letzte Single war ein Megaerfolg.
Oni su ovog ljeta na turneji po Njemačkoj.	Sie sind diesen Sommer auf Tournee in Deutschland.
Bio je to *odličan / jako loš* koncert.	Es war ein *großartiges / ganz mieses* Konzert.

Aplikacija za ... = ...-App (wörtlich: App für ...)

> **Gut zu wissen!**
> Wenn Sie in Kroatien abends unterwegs sind, werden Sie erst nach 22:00 Uhr junge Leute auf der Straße treffen. Man isst meistens zu Hause und trifft sich später mit seinen Freunden in einem Café. Die Clubs sind vor 01:00 Uhr leer.

Urlaub und Reise

41 Planovi za odmor i priče s putovanja
Urlaubspläne und Reiseberichte

Imate li planove za putovanje?	Haben Sie Reisepläne?
Kada ove godine ideš na godišnji odmor?	Wann nimmst du dieses Jahr deinen Urlaub?
Tvrtka je zatvorena između Božića i Nove godine.	Die Firma schließt zwischen Weihnachten und Neujahr.
U četvrtak je praznik pa ću uzeti petak slobodno i spojiti u dug vikend.	Der Donnerstag ist (ein) Feiertag, also nehme ich mir Freitag als Brückentag und mache daraus ein verlängertes Wochenende.
Idemo par dana na put.	Wir fahren für ein paar Tage weg.
Pokušavamo izbjeći putovanja tijekom školskih praznika.	Wir versuchen es zu vermeiden, in den Schulferien zu verreisen.
Imamo djecu pa smo vezani uz školske praznike.	Wir haben Kinder, also sind wir an die Schulferien gebunden.
Sretan put.	Gute Reise.
Ugodan odmor.	Schönen Urlaub.
Vidimo se kada se vratite.	Wir sehen uns, wenn ihr wieder da seid.
Kako je bilo na odmoru?	Wie war der Urlaub?
Gdje si ♂ bio / ♀ bila?	Wo warst du?
Gdje ste bili smješteni?	Wo wart ihr untergebracht?
Koliko dugo ste bili na putu?	Wie lange wart ihr verreist?

Dug vikend bedeutet „verlängertes Wochenende". Einen Ausdruck für „Brückentag" gibt es im Kroatischen nicht, man muss hierfür eine Umschreibung mit „verbinden" (*spojiti*) wählen.

praznik = Feiertag
blagdan = kirchlicher Feiertag

Letjeli smo za Zagreb.	Wir sind nach Zagreb geflogen.	
Unajmili smo apartman.	Wir haben eine Ferienwohnung gemietet.	*unajmiti* = mieten *iznajmiti* = vermieten
Bili smo u *privatnom smještaju / hotelu / pansionu*.	Wir waren in *einer Privatunterkunft / einem Hotel / einer Pension*.	
Unajmili smo kamper i dva tjedna smo putovali naokolo.	Wir haben ein Wohnmobil gemietet und sind zwei Wochen herumgereist.	*kamp kućica* oder *kamp prikolica* = Wohnwagen *kamper* = Wohnmobil
Dijelili smo kuću s prijateljima.	Wir haben mit Freunden zusammen ein Haus genommen.	
Rezervirali smo paket-putovanje.	Wir haben eine Pauschalreise gebucht.	
Išli smo na krstarenje.	Wir haben eine Kreuzfahrt gemacht.	
Putovali smo s ruksacima po južnoj Americi.	Wir haben Rucksackferien in Südamerika gemacht.	
Smještaj nije bio nešto, ali je plaža bila pred vratima.	Die Unterkunft war so lala, aber der Strand war vor der Haustür.	
Ljenčarili smo na plaži.	Wir haben einfach am Strand gefaulenzt.	

> **Gut zu wissen!**
> Im Kroatischen gibt es zwei wichtige Urlaubsbegriffe: *ljetovanje* (Sommerurlaub) und *zimovanje* (Winterurlaub). Also: *Bili smo na ljetovanju / zimovanju.* (Wir waren im Sommerurlaub / Winterurlaub.)
> Die Sommerferien dauern in Kroatien länger als in den deutschsprachigen Ländern – und zwar über zwei Monate (von Mitte Juni bis Anfang September). Es gibt zwar auch Ferien an Weihnachten, Ostern und Pfingsten, doch fallen diese sehr viel kürzer aus. Der Urlaubsanspruch für Arbeitnehmer liegt bei mindestens 18 Arbeitstagen im Jahr.

K
Urlaub und Reise

42 Na putu
Unterwegs

Das kroatische Wort für „Flugzeug" lautet *zrakoplov,* umgangssprachlich wird aber meistens *avion* verwendet. Genauso ist „Flughafen" *zračna luka,* aber im täglichen Gebrauch verwendet man *aerodrom.*

ovdje = hier
tamo = dort

(m) Želio / (f) Željela bih mjesto uz *prozor / prolaz.*	Ich hätte gern einen Platz am *Fenster / Gang.*
Smijem li to ponijeti kao ručnu prtljagu sa sobom u zrakoplov?	Darf ich das als Handgepäck mit an Bord nehmen?
(m) Želio / (f) Željela bih *promijeniti / potvrditi* svoj let.	Ich möchte meinen Flug *umbuchen / bestätigen.*
Došlo je do prometnog zastoja na putu i (m) zakasnio / (f) zakasnila sam na let.	Es gab Stau auf dem Weg zum Flughafen und ich habe meinen Flug verpasst.
Let kasni i ja ne znam hoću li stići na nadovezujući let.	Der Flug ist verspätet und ich weiß nicht, ob ich meinen Anschlussflug noch bekomme.
Let je otkazan.	Der Flug ist annulliert worden.
Bojim se da sjedite na mojem mjestu. Ja imam šest B.	Ich fürchte, Sie sitzen auf meinem Platz. Ich habe 6B.
Nema veze, sjest ću ovdje umjesto tamo.	Macht nichts, ich setze mich stattdessen hierher.
Ima li auto navigaciju?	Hat das Auto ein Navi?
Je li auto dizelaš ili benzinac?	Ist das Auto ein Diesel oder ein Benziner?
Možete li mi reći kako da dođem do Splita?	Können Sie mir sagen, wie ich nach Split komme?
(m) Izgubio / (f) Izgubila sam se.	Ich habe mich verfahren.
Gdje možemo besplatno parkirati?	Wo können wir kostenlos parken?

Mogu li ovdje bez problema ostaviti svoj auto?	Kann ich hier mein Auto unbesorgt abstellen?
Auto mi se pokvario.	Ich habe eine Panne.
Možete li pozvati pomoć na cesti?	Können Sie den Pannendienst rufen?
Stojimo u prometnom zastoju.	Wir stehen im Stau.
Cesta je zatvorena, ali postoji zaobilazni put.	Die Straße ist gesperrt aber es gibt eine Umleitung.
Kartu u jednom smjeru / Povratnu kartu do Poreča, molim.	Eine *Einzelfahrkarte / Hin- und Rückfahrkarte* nach Poreč, bitte.
Koja je najpovoljnija karta?	Welche ist die günstigste Karte?
S kojeg perona ide vlak za Osijek?	Von welchem Bahnsteig geht der Zug nach Osijek?
Važi li karta u cijelom prometnom području grada?	Gilt die Fahrkarte im gesamten Verkehrsgebiet der Stadt?
Ne snalazim se s automatom za karte. Možete li mi pomoći?	Ich komme mit dem Fahrkartenautomaten nicht zurecht. Können Sie mir helfen?
Zaustavlja li se ovaj vlak u Zadru?	Hält dieser Zug in Zadar?
Vozi li ovaj bus do Crikvenice?	Fährt dieser Bus nach Crikvenica?
Možete li mi reći gdje moram izaći?	Können Sie mir sagen, wo ich aussteigen muss?

Der am häufigsten verwendete Ausdruck für Stau ist *gužva*. Das bezieht sich nicht nur auf den Verkehr, sondern kann auch im Supermarkt an der Kasse vorkommen: *U supermarketu je bila gužva na blagajni.* (Im Supermarkt gab es Stau an der Kasse.)

Izaći bedeutet nicht nur „aussteigen" sondern auch „ausgehen".

> **Gut zu wissen!**
> Obwohl Kroatien seit 2013 Mitglied der EU ist, benötigen Sie bei der Einreise nach wie vor einen gültigen Personalausweis oder Reisepass, da es zwischen Kroatien und Slowenien eine Grenzkontrolle gibt. Außerdem gibt es in Kroatien keinen Euro, sondern die Landeswährung *kuna* („Marder"). Einer *Kuna* entsprechen 100 *Lipa* („Linde").

K

Urlaub und Reise

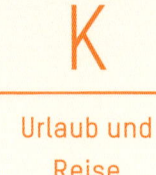

43 Izleti i razgledavanje
Ausflüge und Besichtigungen

Viele nützliche Sätze zum Thema Unternehmungen gibt es auch in Kapitel 33.

Mi smo par dana ovdje …	Wir sind ein paar Tage hier …
… i želimo pogledati par znamenitosti.	… und wollen uns ein paar Sehenswürdigkeiten anschauen.
… i želimo vidjeti *grad / okolicu / regiju*.	… und möchten die *Stadt / Umgebung / Region* sehen.
Što u okolici možemo vidjeti i raditi?	Was gibt es hier in der Gegend zu sehen und zu tun?
Možete li nešto *predložiti / preporučiti*?	Können Sie etwas *vorschlagen / empfehlen*?
Ima li tamo nešto posebno zanimljivo?	Gibt es etwas besonders Interessantes dort?
Na koje izlete možemo ići?	Welche Ausflüge können wir unternehmen?
Nismo ljubitelji kulture.	Wir sind keine Kulturfanatiker.
Ne zanimaju nas povijesne stvari i tradicionalne znamenitosti.	Wir haben es nicht so mit historischem Zeug und traditionellen Sehenswürdigkeiten.
Tražimo nešto posebno.	Wir suchen ein bisschen 'was Besonderes.
Možemo li se priključiti obilasku?	Können wir eine Führung mitmachen?
Imate li *prospekte / vodič* na njemačkom?	Haben Sie *Prospekte / einen Führer* auf Deutsch?

Koje je radno vrijeme?	Wie sind die Öffnungszeiten?
Kada je sljedeći obilazak?	Wann ist die nächste Führung?
Je li daleko?	Ist es weit?
Koliko dugo traje razgledavanje busom?	Wie lange dauert die Busrundfahrt?
Koliko to košta?	Wie viel kostet es?
Koliko košta ulaznica?	Was kostet der Eintritt?
Postoji li popust za *djecu / studente / umirovljenike*?	Gibt es Ermäßigungen für *Kinder / Studenten / Senioren*?
Tamo je…	Es gibt dort …
… *poznata katedrala / poznati stari grad*.	… eine berühmte *Kathedrale / Altstadt*.
… poznati *dvorac / spomenik*.	… ein bekanntes *Schloss / Denkmal*.
Trenutačno se tamo održava festival.	Zurzeit findet dort ein Festival statt.
Tamo je *park prirode / nacionalni park*.	Es gibt dort *ein Naturschutzgebiet / einen Nationalpark*.
Postoje izleti brodom *do otoka / oko luke*.	Es gibt Bootsausflüge *zur Insel hinaus / rund um den Hafen*.

Tvrđava heißt „Burg"; außerdem in der Küstenregion oft zu sehen: *gradske zidine* (Stadtmauer).

Gut zu wissen!
Kroatien hat insgesamt 1185 Inseln, von denen nur 66 bewohnt sind. Um zu den Inseln zu gelangen, muss man meist eine Fähre nehmen; zu den größten Inseln kommt man auch über eine Brücke.
Zu vielen kleinen Inseln werden aus nahegelegenen Städten auf dem Festland Bootsausflüge organisiert. Dort findet man meist schöne und nicht überlaufene Strände.

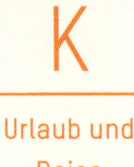

K

Urlaub und Reise

44 Wellness i opuštanje
Wellness und Erholung

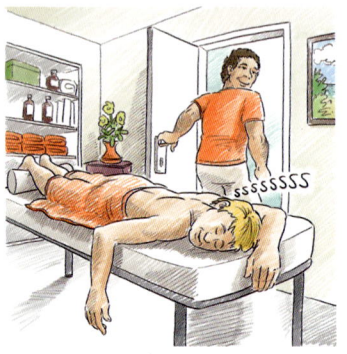

Ima li hotel *wellness centar / saunu / parnu kupelj / infracrvenu kabinu*?	Hat das Hotel *ein Wellness-Zentrum / eine Sauna / ein Dampfbad / eine Infrarotkabine*?
Imate li prostoriju za jogu?	Haben Sie einen Yogaraum?
Koje vrste *masaža / kozmetičkih tretmana* nudite?	Welche *Massagen / Kosmetikanwendungen* bieten Sie an?
Nudite li *ayurvedsku / akupresurnu / medicinsku* masažu?	Bieten Sie *Ayurveda- / Akupressur- / medizinische* Massagen an?
Wellness dio sadrži bazen s grijanim vanjskim bazenom, kao i hidromasažni bazen.	Der Wellnessbereich umfasst ein Schwimmbad mit beheiztem Außenbecken sowie einen Whirlpool.
Jesu li ogrtači i sandale (besplatno) na raspolaganju?	Werden Bademäntel und Badesandalen (kostenlos) zur Verfügung gestellt?
Moram li ponijeti ručnik?	Muss ich ein Handtuch mitbringen?
Kada ...	Wann ...
... je sauna otvorena?	... hat die Sauna geöffnet?
... je wellness otvoren?	... hat der Wellnessbereich geöffnet?
... je bazen otvoren?	... hat der Pool geöffnet?
Moram li ugovoriti termin?	Muss ich einen Termin vereinbaren?
ⓜ Htio / ⓕ Htjela bih ...	Ich hätte gern ...
... *pedikuru / manikuru*.	... *eine Pediküre / eine Maniküre*.
... tretman blatom.	... eine Fangopackung.

Ručnik bedeutet „Handtuch" und „Badetuch". Ein Handtuch für den Strand heißt *ručnik za plažu*.

... tretman lica protiv starenja.	... eine Anti-Aging-Gesichtsbehandlung.
... peeling cijelog tijela.	... ein Ganzkörper-Peeling.
ⓂHtio / ⒻHtjela bih rezervirati program mršavljenja.	Ich möchte gern ein Entschlackungsprogramm buchen.
Imam zakazan termin za masažu.	Ich habe einen Termin für eine Massage.
U jedanaest i trideset imam dogovorenu *aroma terapiju / masažu stopala*.	Ich habe um elf Uhr dreißig einen Termin für eine *Aromatherapie / Fußreflexzonenmassage*.
Imam poklon bon za tretman morskim algama.	Ich habe einen Gutschein für ein Meeresalgenbad.
Imate li proizvode za lice za alergičare?	Haben Sie Hautpflege-produkte für Allergiker?
Postoji li sauna samo za žene?	Gibt es auch eine Damensauna?
Molim Vas, pazite na moje lijevo stopalo.	Seien Sie bitte vorsichtig mit meinem linken Fuß.
Imam *ukočene leđne mišiće / bolove u desnom ramenu*.	Ich habe *Muskelverspannungen im Rücken / Schmerzen in der rechten Schulter*.
Nakon joge se uvijek super osjećam.	Nach dem Yoga geht es mir immer super.
Dobra masaža me najbolje opusti.	Am besten entspanne ich bei einer guten Massage.

prst = Finger / Zeh
palac = Daumen / großer Zeh

> **Gut zu wissen!**
> In Kroatien gilt es als unhöflich, wenn man einen Liegestuhl – so wie in Deutschland durchaus üblich – mit einem Handtuch für sich reserviert. Seien Sie also nicht überrascht, wenn jemand in Ihrer Abwesenheit das Handtuch beiseite geräumt hat und nun auf „Ihrer" Liege liegt. Es gibt dafür sogar ein kroatisches Sprichwort: *Tko digne guzicu, izgubi stolicu.* (in etwa: Wer seinen Popo vom Stuhl hebt, verliert diesen auch.)

L
Am Telefon

45 Privatni telefonski pozivi
Private Telefonate

Die angerufene Person meldet sich meistens mit einem simplen *Da, molim?* (Ja, bitte?) oder einfach nur mit *Da?*

Bok, ovdje Martina iz Njemačke.	Hallo, hier spricht Martina aus Deutschland.
Lijepo je opet te čuti.	Schön, wieder von dir zu hören.
To je lijepo iznenađenje.	Das ist aber eine schöne Überraschung.
Prošlo je dugo vremena.	Das ist ja lange her.
Dugo te nisam (m) čuo / (f) čula.	Ich habe eine ganze Weile nichts von dir gehört.
I, kako si?	Nun, wie geht's denn so?
Zovem te jer …	Ich rufe dich an, weil …
Planiram doći u Hrvatsku.	Ich plane nach Kroatien zu kommen.
Rado bih te (m) posjetio / (f) posjetila.	Ich würde dich gern besuchen.
Samo sam (m) htio / (f) htjela reći bok.	Ich wollte einfach hallo sagen.
Gotovo imam grižnju savjesti jer se dugo nisam (m) javio / (f) javila.	Ich habe fast ein schlechtes Gewissen, weil ich mich lange nicht gemeldet habe.
Nema problema.	Kein Problem.
Bok, ja sam.	Hallo, ich bin's.
Imaš trenutak?	Hast du einen Moment Zeit?
Nadam se da te ne smetam.	Ich hoffe, ich störe dich nicht.
Nadam se da niste upravo pri jelu.	Ich hoffe, ihr seid nicht gerade beim Essen.

Je li Monika tu? Mogu li je dobiti na kratko?	Ist Monika da? Kann ich kurz mit ihr sprechen?
Nažalost, upravo je otišla. Ali možeš je dobiti na mobitel.	Tut mir leid, sie ist gerade gegangen. Aber du erreichst sie auf ihrem Handy.
Možeš li je zamoliti da me nazove?	Kannst du sie bitten, mich zurückzurufen?
Trenutačno mi ne odgovara. Mogu li te nazvati kasnije?	Es passt im Moment nicht so gut. Kann ich dich später zurückrufen?
Do kada mogu nazvati?	Bis wann kann ich anrufen?
Ja sam doma. Možeš me nazvati na fiksni telefon. Imaš li broj?	Ich bin zu Hause. Du kannst mich auf dem Festnetz anrufen. Hast du die Nummer?
Imam novi broj mobitela.	Ich habe eine neue Handynummer.
Moja baterija je skoro prazna.	Mein Akku ist fast leer.
Nemam baš dobar signal.	Ich habe kein gutes Signal.
Oprosti, odjednom te nije bilo na liniji.	Tut mir leid, du warst auf einmal weg.
Ne čujem te dobro.	Ich höre dich nicht gut.
Čujem te dobro. Čuješ li ti mene?	Ich höre dich gut. Hörst du mich?
Poklopit ću i nazvati te ponovno.	Ich lege auf und rufe noch einmal an.

Nazvati bedeutet sowohl „anrufen" als auch „zurückrufen". Wenn man „zurückrufen" meint, fügt man *kasnije* (später) hinzu.

baterija = Akku, Batterie

Gut zu wissen!
Mit kroatischen Freunden verabreden Sie sich folgendermaßen (via SMS oder Chat) zum „skypen": *Čujemo se večeras na Skypeu?* (Willst du heute Abend skypen?) oder *Javi se na Skype, ja sam Jelena8573.* (Melde dich auf Skype, ich bin Jelena 8573).
Umgangssprachlich kann man „skypen" auch mit *skajpati* übersetzen. Auch im Kroatischen prägt die Medienvielfalt im Netz den Wortschatz (siehe auch Kapitel 50).

L
Am Telefon

46 Poslovni telefonski razgovori
Geschäftliche Telefonate

In Kroatien ist es nicht üblich, sich am Telefon nur mit dem Nachnamen zu melden.

Dobar dan, Memo Communication. Kako Vam mogu pomoći?	Guten Tag, Memo Communication. Wie kann ich Ihnen helfen?
Hrvatski Telekom. Marija Loparić pri telefonu.	Hrvatski Telekom. Marija Loparić am Apparat.
Ovdje Bernd Meyer, zovem iz Hamburga.	Hier spricht Bernd Meyer, ich rufe aus Hamburg an.
Ovdje Paul Magaš iz tvrtke TCM. Kako je?	Hier ist Paul Magaš von der Firma TCM. Wie geht's?
ⓜ Želio / ⓕ Željela bih razgovarati s Katarinom Domjan.	Ich würde gern mit Katarina Domjan sprechen.
Spojit ću Vas.	Ich verbinde Sie.
Je li Martin tamo? – Samo čas, idem po njega.	Ist Martin da? – Einen Augenblick, ich hole ihn.
Vaše ime / Vaš broj sam ⓜ dobio / ⓕ dobila od jedne kolegice.	*Ihren Namen / Ihre Nummer* habe ich von einer Kollegin bekommen.
Preporučili su mi Vaše poduzeće.	Ihr Unternehmen ist mir empfohlen worden.
Upoznali smo se na sajmu u Münchenu.	Wir haben uns auf der Messe in München kennengelernt.
Što mogu učiniti za Vas?	Was kann ich für Sie tun?
Smijem li pitati o čemu se radi?	Darf ich fragen, worum es geht?
Zovem vezano uz Vašu zadnju narudžbu.	Ich rufe wegen Ihrer letzten Bestellung an.

Pokušavam riješiti problem oko zadnje uplate.	Ich versuche, das Problem mit der letzten Zahlung zu lösen.
(m) Htio / (f) Htjela bih dogovoriti *termin / sastanak*.	Ich möchte *einen Termin / ein Treffen* vereinbaren.
Jeste li Vi za to zaduženi?	Sind Sie dafür zuständig?
Ostanite molim trenutak na telefonu, potražit ću nekoga tko Vam može pomoći.	Bleiben Sie bitte einen Moment dran, ich finde jemanden, der Ihnen helfen kann.
Dat ću Vam svoj broj telefona. Pozivni broj države je nula nula tri osam pet, pozivni je nula pet jedan i moj broj je …	Ich gebe Ihnen meine Nummer. Die Ländervorwahl ist null null drei acht fünf, die Vorwahl null fünf eins und meine Nummer ist …
To nisam sasvim (m) razumio / (f) razumjela.	Das habe ich leider nicht ganz verstanden.
Veza je, nažalost, prekinuta.	Die Verbindung wurde leider unterbrochen.
Oprostite na čekanju.	Bitte entschuldigen Sie die Verzögerung.
Molim Vas, ostanite na vezi. Jedan od naših operatera će odmah primiti Vaš poziv.	Bitte bleiben Sie am Apparat. Einer unserer Kundenberater wird Ihren Anruf gleich entgegennehmen.
Nažalost, nešto je iskrsnulo. Moram naš termin *odgoditi / otkazati*.	Es ist leider etwas dazwischengekommen. Ich muss unseren Termin *verschieben / absagen*.
Drugi je sastanak otkazan pa možemo naš termin održati i ranije.	Eine andere Sitzung fällt aus, sodass wir unser Treffen vorziehen können.

Viele weitere nützliche Sätze um sicherzugehen, ob man alles verstanden hat, finden Sie in Kapitel 7. Und wenn's mal an der Verbindung hapert, werfen Sie einen Blick auf Seite 95.

Gut zu wissen!
Wenn Sie mit Ihren kroatischen Geschäftspartnern telefonieren, denken Sie daran, dass Small Talk unter bereits bekannten Personen ein wichtiger Schritt ist, bevor man auf das Geschäftliche zu sprechen kommt. Dazu eignen sich beispielsweise Wendungen aus den Kapiteln 2 und 10.

L

Am Telefon

47 Ostaviti poruku
Eine Nachricht hinterlassen

Oder ganz einfach:
Nije ovdje. (Er / Sie ist nicht da.)

Gospođa Lorencin nažalost nije dostupna. Ona …	Frau Lorencin ist leider nicht erreichbar. Sie …
… je na sjednici / je na poslovnom putu / je zauzeta.	… ist in einer Sitzung / ist auf Geschäftsreise / ist beschäftigt.
… je na pauzi / nije u uredu / je van kuće.	… ist in der Mittagspause / ist nicht im Büro / ist außer Haus.
Mogu li prenijeti poruku?	Kann ich etwas ausrichten?
Želite li ostaviti poruku?	Wollen Sie eine Nachricht hinterlassen?
Da nazove natrag?	Soll sie zurückrufen?
Da, molim, to bi bilo ljubazno.	Ja, bitte. Das wäre nett.
Pokušat ću kasnije ponovno.	Ich versuche es später noch einmal.
Bit ću teško (m) dostupan / (f) dostupna.	Ich werde etwas schwer zu erreichen sein.
Imam (sada) cijeli niz sastanaka.	Ich habe (jetzt) eine Reihe von Sitzungen.
U koliko sati je ona opet tu?	Um wie viel Uhr ist sie wieder da?
Možete možda pokušati za pola sata.	Sie könnten es vielleicht in einer halben Stunde versuchen.
Nažalost, ne znam kada će ponovno biti tu.	Ich weiß leider nicht, wann sie wieder da sein wird.
Možete li mu poručiti da sam (m) zvao / (f) zvala?	Könnten Sie ihm ausrichten, dass ich angerufen habe?

Možete li ga zamoliti da mi se javi?	Würden Sie ihn bitten, sich bei mir zu melden?	
Ima li Vaš broj?	Hat er Ihre Nummer?	
Je li to ovaj broj na mom ekranu?	Ist es die Nummer hier auf meinem Display?	*ekran* = Display, Bildschirm
Samo trenutak, moram uzeti nešto za pisanje.	Einen Moment, ich muss etwas zum Schreiben holen.	
Dobro, molim nastavite.	Gut, bitte fahren Sie fort.	
Oprostite, je li to bilo devet šest nula devet?	Entschuldigung, war das neun sechs null neun?	
Oprostite, jeste li rekli B?	Entschuldigung, sagten Sie B?	Beim Buchstabieren wird im Kroatischen nur der Laut des Buchstabens ausgesprochen [b], also nicht wie im Deutschen [be]. Ein Überblick zur kroatischen Aussprache befindet sich im Anhang.
Mogu li to kratko ponoviti?	Kann ich das kurz wiederholen?	
Ovdje Renatina govorna pošta. Ja sam do dvadeset i sedmog svibnja na putu.	Hier ist Renatas Sprachbox. Ich bin bis 27. Mai verreist.	
Ovo je poruka od Marka Zubčića za Renatu Lovor. Može li pogledati e-mail i javiti mi se?	Das ist eine Nachricht von Marko Zubčić für Renata Lovor. Kann sie bitte ihre E-Mails ansehen und sich mit mir in Verbindung setzen?	
Ovdje, za svaki slučaj, još jednom moj broj …	Hier für alle Fälle noch einmal meine Nummer: …	
Bok Luka, ovdje Laura. Ja sam do otprilike devetnaest sati ovdje.	Hallo Luka, hier spricht Laura. Ich bin bis etwa neunzehn Uhr hier.	

> **Gut zu wissen!**
> Telefonnummern gibt man immer als Einzelziffern an, auch wenn die gleiche Zahl wiederholt wird:
> 01-573889 = *nula jedan pet sedam tri osam osam devet*

L
Am Telefon

48 Rezervirati i naručiti
Reservieren und bestellen

Nützliche Sätze für den Besuch im Restaurant stehen in Kapitel 34.

Želim rezervirati stol.	Ich möchte einen Tisch reservieren.
Stol za četiri osobe u devetnaest i trideset.	Ein Tisch für vier Personen um neunzehn Uhr dreißig.
Na koje ime molim?	Auf welchen Namen bitte?
Nažalost, puni smo.	Wir sind leider ausgebucht.
Najranije što mogu ponuditi je u dvadeset i jedan sat.	Das Früheste, was ich anbieten kann, ist einundzwanzig Uhr.
Zar stvarno ništa više nije slobodno?	Ist wirklich gar nichts mehr frei?
(m) Htio / (f) Htjela bih naručiti nešto za jesti.	Ich möchte etwas zum Essen bestellen.
Dvije pizze salami, molim.	Zwei Pizza Salami bitte.
Broj trideset sedam i šezdeset devet, molim.	Die Nummer siebenunddreißig und die neunundsechzig, bitte.
Molim, dostavite jelo u Zagrebačku ulicu broj pet kod Lovrin.	Bitte liefern Sie das Essen in die Zagrebačka ulica fünf zu Lovrin.
Mogu li dobiti Vaš broj mobitela?	Kann ich bitte Ihre Handynummer haben?
Dostavljamo za otprilike četrdeset minuta. Plaćanje pri dostavi.	Wir liefern in circa vierzig Minuten. Bezahlung bei Lieferung.
(m) Želio / (f) Željela bih naručiti taksi.	Ich möchte ein Taxi bestellen.

Auch Fremdwörter wie *pizza* folgen den kroatischen Deklinationsregeln.

Za sutra ujutro do zračne luke.	Für morgen früh, zum Flughafen.
Za četiri osobe i njihovu prtljagu.	Für vier Personen und ihr Gepäck.
Kako glasi adresa?	Wie lautet die Adresse?
Recite mi točnu ulicu i kućni broj.	Sagen Sie mir bitte die genaue Straße und die Hausnummer.
Koliko dugo će nam trebati?	Wie lange werden wir brauchen?
Let je u osam i trideset. Najkasnije u sedam i petnaest želim biti tamo.	Der Flug ist um acht Uhr dreißig, also möchte ich bis spätestens sieben Uhr fünfzehn dort sein.
Imate li slobodnu sobu za večeras?	Haben Sie ein freies Zimmer für heute Nacht?
Kada ćete stići? – Otprilike u …	Wann werden Sie ankommen? – Ungefähr um …
Dvije karte za predstavu „Starwoman" u dvadeset sati.	Zwei Karten für die Zwanzig-Uhr-Vorstellung von „Starwoman".
Imate li još karata za večeras?	Haben Sie noch Karten für heute Abend?
Imam dva mjesta zajedno u redu broj četrnaest ili sedamnaest.	Ich habe zwei Plätze zusammen in Reihe vierzehn oder siebzehn.
Otkuda imamo najbolji pogled na *pozornicu / platno*?	Von wo aus haben wir die beste Sicht auf die *Bühne / Leinwand*?
Uzet ćemo ove u parteru.	Wir nehmen die im Rang.

Zum Thema Hotel bzw. Unterkunft siehe auch Kapitel 36.

> **Gut zu wissen!**
> Im Theater unterscheidet man zwischen *parter* (Rang), *mezanin* (erster Balkon) und *balkon* (Balkon). Im Sommer gibt es auch viele sehenswerte Theatervorstellungen im Freien. Die Karten dafür bekommt man oft bei der Touristeninformation des jeweiligen Ortes.

M

Medien und Kommunikation

49 SMS i poruke
SMS und Messaging

Die folgenden Einträge sind zur besseren Orientierung in alphabetischer Reihenfolge angegeben.

amr: in etwa *you know* auf Englisch

Vorsicht: Sehr vulgär!

aBd = ako Bog da	so Gott will
aj = ajde!	komm schon!
amdg = ako mi dopustite glupiranje	wenn Sie mir die Blödelei erlauben
amr = ako me razumiješ	du weißt schon
app = ako prođe, prođe	wenn's klappt, dann klappt's
azvu = argument za vola ubit'	schwaches Argument
bmk = boli me kurac	das geht mir am Arsch vorbei
bzvz = bezveze	Unsinn
cig = cigareta	Zigarette
Crkla mi baterija.	Mein Akku ist leer.
dis = gdje si?	wo bist du?
faks = fakultet	Fakultät
GO = godišnji odmor	Urlaub
ln = laku noć	gute Nacht
lp = lijep pozdrav	schöne Grüße
min = minuta	Minute
mmm = ma mo'š mislit'!	denkste!
mob = mobitel	Handy
mos = možeš	du kannst
msm = mislim	ich denke
naz me = nazovi me	ruf mich an
np = nema problema	kein Problem
npr = na primjer	zum Beispiel

nzz / nezz / nznm = ne znam	ich weiß nicht
o5 = opet	wieder
odg = odgovoriti	antworten
OK = u redu	in Ordnung
os? = hoćeš li?	willst du?
por = poruka	Nachricht
poz / pozz = pozdrav	Gruß
pred = predavanje	Vorlesung
sbbkbb = što bi bilo kada bi bilo …	was wäre wenn …
sem = semestar	Semester
sig = sigurno	sicher
tren = trenutak	Moment
usos = upišat ću se od smijeha	ich mach' mir vor Lachen in die Hose
vj = vjerojatno	wahrscheinlich
vt = volim te	ich liebe dich
vtnns = volim te najviše na svijetu	ich liebe dich über alles
vtp = volim te puno	ich liebe dich sehr
zab = (m) zaboravio / (f) zaboravila sam	habe ich vergessen
zas = zašto?	warum?

Am meisten werden im Kroatischen übrigens die gängigen englischen Abkürzungen verwendet, wie z.B. *BTW (by the way)*, *thx (thanks)*, *lol (laughing out loud)* und *OMG (Oh my God)*.

Gut zu wissen!
In SMS-Nachrichten verwenden die Jugendlichen oft die veraltete Form des Perfekts (Aorist) da diese Form viel kürzer und damit auch platzsparender ist. Der kroatische Aorist entspricht in seiner Verwendung in etwa dem deutschen Präteritum.
Aorist: *Vidjeh jučer Anu.* (Gestern sah ich Ana.)
Perfekt: (m) *Vidio* / (f) *Vidjela sam jučer Anu.* (Gestern habe ich Ana gesehen).

M
Medien und Kommunikation

50 Chat i društvene mreže
Chatten und soziale Netzwerke

Viele der in Kapitel 49 genannten Kürzel werden natürlich auch in Chats und Posts verwendet.

Dođi na Facebook chat!	Komm in den Facebook-Chat!
Hoćeš chatati?	Willst du chatten?
Chatat ćemo kasnije.	Wir chatten später.
Može Google chat u subotu?	Google-Chat am Samstag?
Postaj na svojoj stranici.	Poste es auf deiner Seite.
Podijeli ovaj link.	Teile diesen Link.
Pojavilo se u mojem News feedu.	Es erschien in meinem News Feed.

Mit @ können Sie in einem größeren Chat deutlich machen, an wen genau sich der Beitrag richtet:
@ *Ivan: Imaš li … ?*
(für Ivan: Hast du … ?)

@ = za	an / für
Akko = ako i samo ako	dann und nur dann
Ček! = Čekaj!	Warte!
Evo me nazad.	Bin zurück.
fb / fejs = facebook	Facebook
flejmati	sich online mit jemandem streiten
forvardirati	weiterleiten

Vorsicht! Sehr vulgär! *Jbt* wird oft als Gesprächsausruf im Sinne von „ich fasse es nicht" verwendet.

jbt = jebote	leck mich (am A…)
lajkam	gefällt mir
m / ž? = muško ili žensko?	bist du Mann oder Frau?
mm = moj muž	mein Mann
Moram ić'.	Ich muss gehen.
mž = moja žena	meine Frau

Ne hrani trola.	Leg dich nicht mit dem Idioten an.	Wörtlich: „Füttere keinen Troll". Ein *trol* (Troll) ist im Netzjargon eine Person, die absichtlich Gespräche oder Beiträge in sozialen Netzwerken oder Communities auf provozierende Art und Weise stört.
nisam za kompom	nicht am Computer	
o.g. = ove godine	dieses Jahr	
Ondda = onda i samo onda	dann und nur dann	
pm = privatna poruka	private Nachricht	
Pp = pretpostavimo	nehmen wir an	
PSSST = potpuno se slažem s tobom	ich bin total deiner Meinung	
Radi šta oćeš.	Mach, was du willst.	
Samo sek! = Samo sekunda!	Nur eine Sekunde!	
šerati	teilen	
spojler	Spoiler	Ein „Spoiler" ist eine Information, die das Ende von Filmen, Romanen etc. verrät und damit die Spannung verdirbt (englisch *to spoil* = verderben).
trollanje	provozierende Kommentare schreiben	
Vraćam se odmah.	Bin gleich zurück.	
xoxo = puse i zagrljaji	Küsse und Umarmungen	
zzz = ♂ dosadan / ♀ dosadna si	du langweilst mich	

> **Gut zu wissen!**
> Die Sprache in den sozialen Netzwerken ist bunt, fantasievoll und im ständigen Wandel. Viele neue Wortschöpfungen haben wir diesen Online-Foren zu verdanken:
> *postati* = posten, d. h. einen Beitrag veröffentlichen
> *lajkati* = liken, d. h. den „Gefällt-mir-Knopf" drücken
> *šerati* = (Informationen, Links, Fotos etc.) teilen
> *addati* = adden, d. h. jemanden seinem Netzwerk hinzufügen

M

Medien und Kommunikation

51 Mail i izmjenjivanje digitalnih podataka
Mailen und digitale Daten tauschen

Das kroatische Wort für E-Mail heißt *elektronička pošta*, dieser Ausdruck wird aber kaum verwendet. Standard ist *E-Mail* bzw. *Mail*, für das es mehrere Schreibweisen gibt: *(e-)mail, (E-)Mail, mejl*.

Poruka hat zwei Bedeutungen: ganz allgemein „Nachricht" und „SMS".

„Anhang" heißt im Kroatischen *prilog*, trotzdem wird meistens das englische Wort *attachment* verwendet.

Datei wird nicht mit ~~*datoteka*~~, sondern mit *dokumet* übersetzt! *Datoteka* bedeutet „Ordner".

Poštovani gospodine Baniću / Poštovana gospođo Banić,	Sehr geehrter Herr Banić / Sehr geehrte Frau Banić,
Dragi Mario / Draga Petra,	Lieber Mario / Liebe Petra,
Bok Saša,	Hallo Saša,
Hvala na *Vašoj poruci / Vašem e-mailu.*	Danke für *Ihre Nachricht / Ihre E-Mail.*
Ovo je odgovor na Vaš upit od ponedjeljka.	Das ist die Antwort auf Ihre Anfrage vom Montag.
Ovo je samo kratka poruka kako bih Vas ⓜ obavijestio / ⓕ obavijestila o trenutačnom stanju.	Dies ist nur eine kurze Nachricht, um Sie über den aktuellen Stand zu informieren.
Prilažem spomenuti dokument.	Ich hänge die betreffende Datei an.
Točni detalji nalaze se u priloženom PDF dokumentu.	Die genauen Einzelheiten sind in der angehängten PDF.
Nažalost, zaboravili ste priložiti dokument.	Sie haben leider den Anhang vergessen.
Nažalost, ne mogu otvoriti dokument.	Ich kann leider die Datei nicht öffnen.
Možeš li *mi još jednom poslati / isprobati neki drugi format?*	Kannst du *sie noch einmal senden / ein anderes Format probieren?*
Pod CC ću upisati Anu Matić jer je ona odgovorna za …	Ich setze Ana Matić CC, weil sie für … verantwortlich ist.
Možete li ovo proslijediti svima onima koji su za to zaduženi?	Würden Sie das bitte an alle Betroffenen weiterleiten?

Oprostite što ovako kasno odgovaram.	Bitte entschuldigen Sie, dass ich erst so spät antworte.
ⓜ Morao / ⓕ Morala sam se konzultirati sa *svojim šefom / svojom šeficom*.	Ich musste mit *meinem Chef / meiner Chefin* Rücksprache halten.
Radujem se Vašem skorom odgovoru.	Ich freue mich, bald von Ihnen zu hören.
Molim Vas da se javite ukoliko bude bilo problema.	Bitte melden Sie sich, falls es ein Problem gibt.
S poštovanjem,	Mit freundlichen Grüßen
S najboljim željama,	Mit den besten Wünschen
Pogledaj to na YouTubu. Izvoli link.	Schau dir das auf YouTube an. Hier (ist) der Link.
Spremit ću slike na server.	Ich lade die Bilder auf den Server hoch.
Stavit ću fotke na moj Cloud-račun i podijeliti ih s tobom.	Ich lege die Fotos in meine Cloud und teile sie mit dir.
Imam problem s logiranjem.	Ich habe Probleme, mich einzuloggen.
Kod polja za zaporku paziti na malo i veliko pisano slovo.	Beim Passwortfeld auf Groß- und Kleinschreibung achten.
Stalno dobivam izvještaj o grešci.	Ich bekomme ständig eine Fehlermeldung.
Jesi li ♂ instalirao / ♀ instalirala najnoviji update?	Hast du das neueste Update schon installiert?
Jesi li već ♂ sinkronizirao / ♀ sinkronizirala?	Hast du schon synchronisiert?

S poštovanjem setzt man an das Ende einer formellen E-Mail. Wenn man mit dem Gegenüber aber schon in Kontakt war, kann man auch *Srdačan pozdrav* (Herzliche Grüße) verwenden.

Uploadati / Downloadati sind mittlerweile gängige Ausdrücke.

Gut zu wissen!
Alle kroatischen Internet-Domains enden mit *.hr*. Das kroatische Wort für Internet ist *svemrežje*, aber selbst in Fachzeitschriften hat sich *Internet* durchgesetzt. Übrigens: www wird wie im Deutschen mit den Mitlauten gesprochen: *wewewe*.

M

Medien und Kommunikation

52 Pisma i razglednice
Briefe und Postkarten

Poštovani,	Sehr geehrte Damen und Herren,
Na ruke (n/r) …	Zu Händen (z. Hd.) …
Pišem Vam jer …	Ich schreibe Ihnen, um …
… se želim informirati o …	… mich über … zu erkundigen.
… Vam želim zahvaliti na …	… Ihnen für … zu danken.
… želim potvrditi da …	… zu bestätigen, dass …
… Vas želim obavijestiti o …	… Sie von … zu unterrichten.
… Vam želim poručiti da sam ⓜ nezadovoljan / ⓕ nezadovoljna.	… Ihnen mitzuteilen, dass ich unzufrieden bin.
Vezano uz naš telefonski razgovor od prošle srijede …	In Bezugnahme auf unser Telefongespräch vom letzten Mittwoch …
Prilažem PDF dokument.	Ich füge eine PDF-Datei bei.
Radujem se što Vam mogu reći da …	Ich freue mich, Ihnen sagen zu können, dass …
Žao mi je što Vam moram priopćiti da …	Ich bedauere, Ihnen mitteilen zu müssen, dass …
Ispričavam se zbog nastalih neugodnosti.	Ich entschuldige mich für die entstandenen Unannehmlichkeiten.
Za daljnja pitanja rado Vam stojim na raspolaganju.	Für weitere Fragen stehe ich Ihnen gern zur Verfügung.

Natürlich beschränken sich diese Satzbeispiele nicht auf Briefe. Sie können sie ebenso gut in formellen E-Mails verwenden.

Ne oklijevajte javiti nam se.	Zögern Sie nicht, sich bei uns zu melden.
Srdačan pozdrav,	Mit freundlichen Grüßen

Pozdrav iz Rijeke!	Gruß aus Rijeka!
Super se provodimo.	Wir haben eine tolle Zeit.
Vrijeme je fantastično.	Das Wetter ist fantastisch.
Plaža je odlična.	Der Strand ist hervorragend.
Ljudi su stvarno ljubazni.	Die Menschen sind wirklich freundlich.
Posao mi uopće ne nedostaje.	Die Arbeit fehlt mir kein bisschen.
Puno toga smo vidjeli i previše novca potrošili.	Wir haben viel gesehen und viel zu viel Geld ausgegeben.
Nadam se da je kod vas sve u redu.	Ich hoffe, bei euch ist alles in Ordnung.
Veselimo se što ćemo vas opet vidjeti kada se vratimo.	Wir freuen uns, euch nach unserer Rückkehr wiederzusehen.
Hvala još jednom što si se ♂ brinuo / ♀ brinula o *mački / biljkama*.	Danke noch einmal, dass du dich um die *Katze / Pflanzen* gekümmert hast.

Die folgenden Wendungen werden natürlich nicht nur in Postkarten, sondern auch in E-Mails oder Kurznachrichten verwendet.

Uživaj u svom rođendanu!	Genieß deinen Geburtstag!
Želim ti ugodan dan.	Ich wünsche dir einen schönen Tag.
Mislimo na tebe.	Wir denken an dich.
Ostat ćemo u kontaktu.	Wir bleiben in Kontakt.

Standardwendungen für Grußkarten finden Sie auch in Kapitel 21. Und die richtigen Worte für weniger fröhliche Anlässe finden Sie in Kapitel 22.

> **Gut zu wissen!**
> Durch die neuen Medien werden schriftliche Umgangsformen immer weniger förmlich. Es empfiehlt sich trotzdem bei geschäftlichen oder neuen Kontakten zunächst nicht die umgangssprachlichen Ausdrücke zu verwenden, sondern sich an den Stil der Kommunikationspartner anzupassen.

KÖRPERSPRACHE UND GESTEN

Verallgemeinerungen sind immer schwierig und riskant, aber insgesamt kann man sagen, dass Kroaten den Italienern im Gestikulieren in Nichts nachstehen. Man nutzt oft die Gelegenheit durch die Körpersprache die eigene Meinung zu untermauern oder zu veranschaulichen. In Kroatien zeigt man durch die Körpersprache auch deutlich Abneigung oder Zuneigung. Rechnen Sie damit, dass man Ihnen den Arm um die Schulter legt, Ihnen auf den Rücken klopft oder Sie umarmt.

Eine Kommunikation mit nur geringen Kenntnissen des Kroatischen ist auch dann erfolgreich, wenn man seine Arme und Beine als Hilfsmittel benutzt.

Weit verbreitete Gesten in Kroatien

Der Daumen nach oben bedeutet wie in den deutschsprachigen Ländern: *Dobro.* (O.K.)

Die gekreuzten Finger sind eine abergläubische Geste, die Hoffnung ausdrücken oder Glück bringen soll. In den deutschsprachigen Ländern ist es in solchen Fällen üblich die Daumen zu drücken.

Diese Geste ist vergleichbar mit derjenigen des ausgestreckten Mittelfingers. Beide Gesten werden in Kroatien als starke Beleidigung empfunden.

Anderen einen Vogel zu zeigen ist nichts Außergewöhnliches: Diese Geste bedeutet, dass Sie Ihren Gegenüber für einen Dummkopf oder seine Ansichten als schwachsinnig betrachten.

Diese Geste ist nicht nur in Kroatien üblich, sondern bedeutet überall auf der Welt, dass man einen nicht versteht oder keine Ahnung hat.

GRAMMATIK

Im **Infinitiv** enden die regelmäßigen kroatischen Verben auf *-ti*. Man unterscheidet dabei vier Endungsgruppen, je nachdem mit welchem Buchstaben die Präsensendungen beginnen (*-a-* / *-i-* / *-e-* / *-je-*). Daneben gibt es einige wichtige unregelmäßige Verben auf *-ći* (z. B. *ići* = gehen und *moći* = können).

Präsens	*čitati* (lesen)	*govoriti* (sprechen)	*krenuti* (losfahren)	*piti* (trinken)	*ići* (gehen)	*moći* (können)
ja	*čitam*	*govorim*	*krenem*	*pijem*	*idem*	*mogu*
ti	*čitaš*	*govoriš*	*kreneš*	*piješ*	*ideš*	*možeš*
on / ona / ono	*čita*	*govori*	*krene*	*pije*	*ide*	*može*
mi	*čitamo*	*govorimo*	*krenemo*	*pijemo*	*idemo*	*možemo*
vi / Vi	*čitate*	*govorite*	*krenete*	*pijete*	*idete*	*možete*
oni / one	*čitaju*	*govore*	*krenu*	*piju*	*idu*	*mogu*

Die **Personalpronomen** *ja* (ich), *ti* (du), *on* (er), *ona* (sie), *ono* (es), *mi* (wir), *vi / Vi* (ihr, Sie / Sie) und *oni* bzw. *one* (sie) können entfallen, denn die Endung des Verbs macht klar, wer etwas tut. Die höfliche Anrede (Sie) lautet *Vi* (Singular) bzw. *vi* (Plural).

Die **Vergangenheit** wird im Kroatischen am häufigsten mit dem Perfekt ausgedrückt. Das **Perfekt** bildet man mit der Kurzform des Hilfsverbs *biti* (sein) im Präsens (*sam*, *si*, *je*, *smo*, *ste*, *su*) und dem Partizip Perfekt. Das Partizip wird in Geschlecht und Zahl dem Subjekt angeglichen. Es wird gebildet, indem man die Infinitivendung (*-ti* oder *-ći*) im Singular durch die Endungen *-o* (m.) / *-la* (f.) / *-lo* (n.) bzw. im Plural durch die Endungen *-li* (m.) / *-le* (f.) / *-la* (n.) ersetzt:
(m) *Ja sam čitao.* / (f) *Ja sam čitala.* (Ich habe gelesen.)
(m) *Vi ste čitali* / (f) *Vi ste čitale.* (Ihr habt / Sie haben gelesen.)

Das **Futur** wird mit der Kurzform des Verbs *htjeti* (wollen) im Präsens (*ću*, *ćeš*, *će*, *ćemo*, *ćete*, *će*) und dem Infinitiv des jeweiligen Verbs gebildet. Der Infinitiv kann vor oder nach dem Hilfsverb *htjeti* stehen. Folgt das Hilfsverb dem Infinitiv, so entfällt zum einen das Personalpronomen am Anfang des Satzes und zum anderen bei Verben mit der Infinitivendung *-ti* das auslautende *-i*:
Plivat ću. (Ich werde schwimmen.) – *Ja ću plivati.* (Ich werde schwimmen.)
Reći ću. (Ich werde sagen.) – *Ja ću reći.* (Ich werde sagen.)

Im **Imperativ** erhält der Präsensstamm des Verbs in der 2. Person Singular die Endung *-j* oder *-i*, in der 1. Person Plural die Endung *-jmo* oder *-imo* und in der 2. Person Plural *-jte* oder *-ite*.

ti	*čitaj!* (lies!)	*kreni!* (fahr los!)	*idi!* (geh!)
mi	*čitajmo!* (lesen wir!)	*krenimo!* (fahren wir los!)	*idimo!* (gehen wir!)
vi	*čitajte!* (lest!)	*krenite!* (fahrt los!)	*idite!* (geht!)